EDICIÓN BILINGÜE

PERSEVERANCE AND WISDOM

Essential Tools for Overcoming Obstacles

CLAUDIA GALVÁN GIL

Editorial *Güipil*

Para otros materiales, visítanos en:
EditorialGuipil.com

Editorial Güipil

Editorial Güipil. Primera edición 2024
EditorialGuipil.com
ISBN: ISBN: 978-1-953689-82-5
Categoría: Vida práctica / Familia/ Inspiración

"I want to remind you that we have all experienced making bad decisions at some point; however, God gives us the opportunity to start anew as long as we have life, no matter where we are."

- Claudia Galván Gil

Table of Contents

Contenido

INTRODUCTION

Depression, anxiety, bullying, discouragement, anger, and school violence are on the rise. The negligence of many leaders at home, mentors of our children, community volunteers, and educators in this generation is leading youth to believe that there are no consequences, respect, or responsibility in every action. Social media is flooded with young people committing violent acts filled with malice; and when we analyze the root of their behavior, we can see it stems from fear, pain, loneliness, rejection, bullying, and abandonment. However, nothing justifies attacking someone for fun, for generating views or popularity, or for dealing with our emotions. We must act and not maintain the attitude of "that is not my problem" because, sooner or later, evil, foolishness, and violence will be in front of us due to the negligence and laziness of a society that decides to shy away from the responsibility of maintaining a system of good values and order that serves everyone. The Ten Commandments were the pillar of many societies around the world and in many places have been removed because it is convenient for people not to know how to act.

My father, after many mistakes, became a wise man in his later years. We both enjoyed sharing our professional appeal in social work and the legal career. Dear reader, I want to share with you this advice that my father practiced for more than forty years as a lawyer before we ventured on a journey full of learning: "When legal rights are at odds with the justice that comes from God, choose justice."

PERSEVERANCE

Perseverance is defined as the firmness of being and acting; and it is extremely necessary to establish a vision, write it down, set goals, and achieve the objectives towards God's plan for our lives. Persevere even when situations, people, and our environment do not seem to be in our favor. In reality, what we most need to persevere is to remain guided by God. Seek His counsel, guidance, and direction. The Scriptures speak of perseverance in multiple passages, defining it as the will to remain steadfast even in the midst of strong challenges, difficulties, and adversity in various areas of our life. By placing each step in the hands of the Lord, He will help us grow in faith and bring us closer to our goals with His help.

Persevering also means continuing to do the right thing even when many around us choose to do wrong. Practicing good is pleasing in the eyes of God, who sees everything. Every day we face challenges or temptations that invite us to stray from the path.

Prayer is a means of direct communication with God, and it is the best way to express how we feel in the face of a challenge, a problem, a weakness, or temptation. God always provides a way out to keep us on the right path and motivates us to do good even if we are going through a moment of discouragement due to our behavior or that of others.

"Let us not become weary in doing good, for at the proper time we will reap a harvest if we do not give up." Galatians 6:9

In this book, we will meet several biblical characters who decided to trust in God despite their circumstances. Characters who survived wars, captivity, orphanhood, persecution, emotional pain, depression, anxiety, and many other conditions from which God had mercy and delivered them from all their distress. Real-life people who persevered in their faith, love, and dedication to God until the end.

WISDOM

Represented by a woman in the book of Proverbs, wisdom is defined as a counselor full of understanding, knowledge, and truth. Wisdom speaks little; the most important thing about acting wisely is to put it into practice.

Every day in the courts of the United States and other countries, we can see young people standing before a judge for making a terrible decision that has serious consequences for them and others. They are unaware that wisdom hates pride, corruption, arrogance, and perverse language. The Creator has given us the power to choose to do what is good, just, and right.

"My advice is wholesome; there is nothing devious or crooked in it. My words are plain to anyone with understanding, clear to those with knowledge. Choose my instruction rather than silver, and knowledge rather than pure gold. For wisdom is far more valuable than rubies. Nothing you desire can compare with it." Proverbs 8:8-11 (NLT)

CHAPTER 1
A RADICAL CHANGE IN LIFE

I want to tell you the story of some young people who, like many, have gone through radical changes in their lives due to situations completely out of their control.

Have you ever felt like your life changed overnight? Imagine how hard it can be to leave everything you know and start a long journey where every step you take is new to you.

The young people in this story were forcibly taken from their homes and brought to a place with different beliefs, customs, and language. Their nation, Israel, fell under the power of the Babylonian empire, and they were recruited through abduction; they might have been the same age as you. King Nebuchadnezzar wanted only the best of the best and gave Ashpenaz, a high official, specific instructions to select the youths; they had to be intelligent, good-looking, talented, and quick to learn (Daniel 1:4). Ashpenaz found them and changed their names; he called Daniel, Belteshazzar; Hananiah, Shadrach; Mishael, Meshach; and Azariah, Abednego (Daniel 1:7 NIV). The book of Daniel recounts that they were "very young" when this happened. They were possibly between 13 and 20 years old when they were taken into captivity. In Jewish customs, boys began studying with rabbis and sages after the confirmation ritual known as bar mitzvah. Although they were selected for their physical and intellectual characteristics, God saw beyond that: He saw their worth, and He also sees your worth. He loves you, cares for you, and grants you grace and favor. God does not discriminate between people; He does not seek perfection.

"God never changes. He is the one who created all the stars in the sky and gives us every good and perfect gift."
James 1:17 (TLA)

THE BABYLONIAN EMPIRE

The Babylonian civilization was an ancient Eastern culture between 2100 and 538 B.C. This empire conquered its neighboring peoples. The exiles from Jerusalem—referring to all the people taken with the army—walked over 800 kilometers (500 miles).

Babylon, known for its architecture, palaces with terraces, and hanging gardens, was the first civilization to document its laws in writing. A society organized into categories of nobles, free men, and slaves. This empire, in my opinion, was also a talent hunter because wherever they went, they separated people with knowledge of sciences, writing, administration, and transported them to their capital. They were interested in being the most advanced in medicine, mathematics, technology of their time, and wisdom for the king's advisors. Babylon's economy was based on agriculture, trade, and the imposition of tributes.

YOUTH UNDER GOVERNMENT CARE

Migration has increased; there are thousands of travelers under very difficult circumstances processed by immigration authorities in shelters, churches, and temporary homes. In the youth support groups I facilitate in community centers and various organizations, I have seen that creating strong friendships within the group fosters a sense of belonging and mutual support. Adolescents who have been part of the system and are about to come of age tend to develop anxiety, extreme worry, and insecurities about how they will take care of themselves. Reflecting on the experience of the adolescents in this story is very helpful for those who choose to participate in Bible study. People can see God's care and faithfulness.

INSEPARABLE FRIENDS

After some time in captivity and now as members of the royal court, Shadrach, Meshach, and Abednego faced a great challenge together. The king had a gold statue made in his honor and sent messages to all his officials and authorities to be present at its dedication. Many bowed before the king and his statue, but the Hebrew youths did not because their faith dictated that they should only bow before God. The king found out about their actions and summoned them.

Isn't it interesting how the king found out who was closely watching them and with what intent they accused them? Remember that Shadrach, Meshach, and Abednego had God's favor, and even though they were captives, they were placed in positions of influence and prestige. They were not turned into eunuchs and taken to a harem, as was customary at the time. God preserved them in every way; they remained surrounded by nobles and served the king, possibly envied by other members of the court. Their enemies misinformed the king, who took drastic actions against them.

"Nebuchadnezzar said to them: 'Is it true, Shadrach, Meshach, and Abednego, that you refuse to serve my gods or worship the gold statue I have set up? I will give you one more chance to bow down and worship the statue I have made when you hear the sound of the musical instruments. But if you refuse, you will be thrown immediately into the blazing furnace. And then what god will be able to rescue you from my power?' Shadrach, Meshach, and Abednego replied: 'O Nebuchadnezzar, we do not need to defend ourselves before you. If we are thrown into the blazing furnace, the God whom we serve is able to save us. He will rescue us from your power, Your Majesty. But even if he doesn't, we want to make it clear to you that we will never serve your gods or worship the gold statue you have set up.'" Daniel 3:14-18 (NLT)

Despite the danger, they chose to remain faithful to God and to themselves. They stood together in adversity and threat. Sometimes we too can feel pressured to follow the trend of the moment. People may feel offended because you are not part of certain activities. But remember, faithfulness to God is always rewarded.

RESISTING THE CULTURE OF HATE AND CANCELLATION

WHAT IS CANCEL CULTURE?

Cancel culture is a social phenomenon where a person or group is publicly criticized, thus denying them the opportunity to express themselves due to their opinions, actions, or behaviors deemed socially unacceptable or offensive. A person can be canceled on social media, at public events, business functions, and labeled as "persona non grata" or "out of place" in their community.

King Nebuchadnezzar became so enraged at the youths' response that his face contorted with fury. As a result, he ordered the furnace to be heated seven times hotter than usual and commanded that they be thrown into it with all their clothing.

Thus, Shadrach, Meshach, and Abednego, firmly bound, fell into the roaring flames. Suddenly, Nebuchadnezzar, filled with amazement, jumped up and exclaimed to his advisers:

"Didn't we tie up three men and throw them into the furnace?" "Yes, Your Majesty, we certainly did," they replied. "Look!" Nebuchadnezzar shouted. "I see four men, unbound, walking around in the fire unharmed! And the fourth looks like a god!" Then Nebuchadnezzar came as close as he could to the door of the flaming furnace and shouted: "Shadrach, Meshach, and Abednego, servants of the Most High God, come out! Come here!" So Shadrach, Meshach, and Abednego stepped out of the fire. Then the high officers, officials, governors, and advisers crowded around them and saw that the fire had not touched them. Not a hair on their heads was singed, and their clothing was not scorched. They didn't even smell of smoke!"
Daniel 3:23-27 (NLT)

Remember that the fear of the Lord is the foundation of true knowledge, but fools despise wisdom and discipline. (Proverbs 1:7).

CHAPTER 2
WISDOM

When I was a high school student, it was quite an adventure to take a taxi in Managua and go to the library to do research for writing and science projects. This journey in my city required making many wise decisions; along the way, I had to pay close attention to avoid returning home after dark, and I often asked a classmate if she wanted to accompany me. Nowadays, there is much access to books, magazines, and newspapers from home. You can also acquire a lot of knowledge with just a click; but obtaining wisdom requires much more than a click. Its pursuit requires humility and a heart willing to be guided by good counsel.

The Scriptures describe God as possessing abundant wisdom and willing to share this gift with anyone who asks for it. What do you think? I find it wonderful that the Creator of the universe wants to give us good gifts for decision-making that lead us to a fulfilling life. The wisdom God provides gives us access to the various treasures He has for us; we just need to seek them consistently: "Those who listen to instruction will prosper; those who trust the Lord will be joyful." Proverbs 16:20 (NLT)

A YOUNG KING

Let's talk about the man who had the greatest wisdom: King Solomon, who received a very valuable gift from God: wisdom, which brought peace to his reign, and with it came wealth. Solomon was very young when he inherited the throne of one of the most famous kings in history: his father, David.

Have you ever received a responsibility that you consider too big for you? Perhaps Solomon felt this way. Sometimes we can be promoted, receive a leadership position, and at the same time feel undeserving, inadequate, or simply disagree with the sudden promotion. In such moments, we can do what Solomon did: he sought a moment alone with God, and He appeared to him in a dream, saying: —What do you want? Ask, and I will give it to you! Solomon replied: —You showed great and faithful love to your servant David, my father, a man of transparent and loyal heart, who was faithful to you. Today you continue to show great and faithful love by allowing me to sit on his throne. But I am like a small child who doesn't know which way to go. Give me an understanding heart so I can govern your people well and know the difference between right and wrong. (1 Kings 3:5-9 NLT)

In other passages, we can find that he also asked God for an understanding heart (1 Kings 3:3-15), wisdom, and knowledge (2 Chronicles 1:7-12).

Young participants in various activities in my city have shared with me how making a bad decision has completely changed their lives. The consequences of these decisions transformed the plans they had, and their life is totally different from what they once dreamed. I want to remind you that we have all experienced making bad decisions at some point; however, God gives us the opportunity to start over as long as we have life, no matter where we are. To make a radical change, it is important to know what decision to make today and how it affects and will affect the people who love or care about you.

Like Solomon, we also have the opportunity to make requests to God at all times, especially in confusing situations; this demonstrates our need for Him in our lives. Solomon asked for the ability to identify good from evil; this can be a daily request: asking for wisdom to distinguish good from evil.

Solomon had to make difficult decisions involving life and death. The following is an example of one of the judgments he officiated. In 1 Kings 3:16-26, a well-known case is described where two women brought a baby before Solomon, each claiming the child as her own. Solomon ordered that the baby be cut into two equal parts and each woman given half. One of these women approved the decision; however, the true mother of the child said: —Oh no, my lord! Give her the child—please do not kill him! This mother preferred to save her child's life, even if it meant never seeing him again.

With this example, we can see that the wisdom Solomon had received from God was greatly aiding his leadership and decision-making in his reign and in serving his people. God is interested in helping us in difficulty and giving us clarity in every circumstance.

Have you found yourself in situations where you don't know what decision to make? Maybe you are a student about to graduate and are worried about the path to take after graduation; perhaps the career you thought about for many years is not what interests you now. Maybe you don't have a concrete plan and fear the future, or you need to talk to someone to review your priorities. Such concerns arise in life, and God knows our hearts and speaks to each one according to our needs. Trusting in Him is an act of faith and a wise decision. He says in His Word: "For whoever finds me finds life and receives favor from the Lord." Proverbs 8:35 (NLT)

I have also experienced the fear of not knowing what decision to make and situations where indecision has clouded my mind. Fear was a paralyzing factor in my life for many years; but seeking God and His counsel helped me trust, strive, be strengthened, and believe in His promises. Conducting processes of elimination helps me identify when something comes from my own desires, influence, peer pressure, or from God. The key to receiving wisdom is to ask for it with faith, without doubting, because if we doubt, we give power to indecision and are swayed from side to side, which can also mean trying to please others above pleasing God (James 1:5-6 NLT).

The apostle James offers very good advice on how to identify different types of wisdom. I will now talk to you about three types of wisdom and intelligence. Recognizing them has been key to staying on the right path. This does not mean I am perfect. Daily mistakes are still present, but in the end, they become a lesson applied to grow and continue in the direction of God. Receiving correction is putting wisdom into practice and seeking counsel diligently: "Getting wisdom is the wisest thing you can do! And whatever else you do, develop good judgment." Proverbs 4:7 (NLT)

HUMAN WISDOM (EARTHLY)

Human wisdom is the one that uses mental capacity for plans, projects, relationships, and goals, without considering God. Often, you will hear a popular piece of advice guided by

this wisdom on social media and various platforms: "Follow your heart and do whatever makes you happy." If we decide to follow this advice, we will realize that our heart is not the best counselor, and we will do things that we may regret due to the severe consequences they have. The book of Proverbs says that many times we make decisions guided by the human heart and then get angry with God for the decisions we made without consulting Him. "People ruin their lives by their own foolishness and then are angry at the Lord."
Proverbs 19:3 (NLT)

DEMONIC WISDOM

Its main characteristic is disobedience and rebellion against God, His word, and what He has established. It tends to be full of confusion, lies, and darkness because it places self-worship and separates itself from God's instruction and guidance. By nature, humans have a tendency to act this way and are prone to evil; but when guided by God and the wisdom that comes from Him, it builds up and does not harm others. God's wisdom brings justice. Guarding our hearts against evil will keep us healthy, happy, and prosperous. A piece of advice I cherish is: "Guard your heart above all else, for it determines the course of your life." Proverbs 4:23 (NLT)

INTELLECTUAL WISDOM OR INTELLIGENCE

Intelligence is the faculty of the mind that allows us to learn, understand, reason, make decisions, and form a determined idea of the reality around us. Our Creator is the giver of intelligence; therefore, the key is not to rely on our own intelligence or leave God aside. Believing we are smarter not only can lead to arrogance and pride but also can distance us from God, because it is a way of telling Him that our plans are better than His. Blessings are meant to prosper us in everything, without adding sorrow with them, and not to enslave us or steal our peace.

THE WISDOM THAT COMES FROM GOD

James 3:17 provides the following definition of the wisdom that comes from God: "But the wisdom from above is first of all pure. It is also peace loving, gentle at all times, and willing to yield to others. It is full of mercy and the fruit of good deeds. It shows no favoritism and is always sincere." (NLT)

This wisdom brings peace in a turbulent world subjected to high pressures, problems, and challenges. God's wisdom helps us face challenges and gives us creative ideas to continue living a productive life.

In Solomon's life, we see that his youth was not an obstacle for the plans God had for him to be fulfilled; his reign was prosperous, he asked for wisdom and received a reign of many years in peace with his enemies. His father, David, could not build the temple he longed to construct for God. He was a man of war who fought for his people and left a legacy for his son. God granted peace to the heir king to build; when we are building something, the enemy will try to take away our peace using various strategies such as distractions, obstacles, comparisons, and different challenges along the way; but God gives wisdom in each situation to emerge victorious and keep you on the perfect plan He has for you. Thanks to the times of peace God granted Solomon, he had much time to observe, write books, and leave us valuable advice that, despite the time, are as effective today as they were in his time.

I want to give you a passage that has been very useful to me when I have placed objections to my success. Sometimes we want to run, we get paralyzed, or we don't have help from others; but this verse tells us that this way of thinking is not correct: "I returned and saw under the sun that the race is not to the swift, nor the battle to the strong, nor bread to the wise, nor riches to the men of understanding, nor favor to men of skill; but time and chance happen to them all." Ecclesiastes 9:11 (NKJV)

I grew up with many emotional needs, I have healed and received many opportunities from God, He has been very generous in my life. With this passage from Ecclesiastes, I realized that neither my economic situation, nor the lack of a father at home, nor the abuse and harassment faced in childhood determined the course of my life.

God gives us the opportunity to leave behind mistakes, pain, losses; and focus on the goal ahead of us; He invites us to persist and make the best decisions. He gives us favor and opportunities when we decide to make the wisest decision of all: to place our lives in His hands and seat the King of the universe on the throne of our hearts. Remember that if you know you need wisdom, ask for it without doubting and God will grant your request without judgment and without condemnation. "If any of you lacks wisdom, let him ask of God, who gives to all liberally and without reproach, and it will be given to him." James 1:5 (NKJV)

CHAPTER 3
NEHEMIAH -
LEADERSHIP AND
ORGANIZATION WISDOM

I want to tell you the story of a man in the Bible who, in the face of adversity, captivity, and uncertainty, decided to trust in God. His name was Nehemiah, and he was part of the third group of people who returned to Israel after the captivity, just like the young men in Babylon. Nehemiah wrote his own story, and in it, he recounts how the news of his people reached him. Hanani, a brother from his town, came to visit him and said:

"Things are not going well. Those who returned to the province of Judah have great difficulties and live in disgrace. The wall of Jerusalem has been torn down, and the gates have been consumed by fire." Nehemiah 1:3 (NLT)

Nehemiah had great affection for the city of his ancestors. Have you ever received news that shocks you so much that you need to turn to someone for help? This was the case for Nehemiah; he was greatly saddened and, in his distress, turned to God before telling the king what was happening. He prayed and spent time with God to gain clarity about what he should do. As the cupbearer to King Artaxerxes of Persia, he enjoyed a comfortable, prestigious, and trusted position. He understood that he had been positioned at that time to be an agent of change, but he needed God's wisdom, direction, and favor to succeed in the reconstruction mission he was about to begin. Nehemiah concluded his prayer by asking God to grant him success and favor before the king.

In the royal court, no one could appear before the king with a sad or discouraged face. When he stood before the king, it was evident that Nehemiah was not the same; so Artaxerxes asked him:

"Why do you look so sad? You don't seem sick to me; you must be deeply distressed."

With much fear and worry, Nehemiah responded:

"May the king live forever. How can I not be sad when the city where my ancestors are buried is in ruins, and its gates have been consumed by fire?"

The king offered to help him and allowed him to visit the city of Jerusalem. Nehemiah saw that his prayer to God was answered in the king's positive attitude. The organization of this project began when Nehemiah requested authorization letters from the king, thus demonstrating the need for a well-thought-out plan and the importance of following God's instruction and direction.

HANDS-ON WORK!

Everything seemed to be going very well. When he arrived in Jerusalem, he found people willing to help him; but with this also came opposition, criticism, and mockery. Something admirable is that Nehemiah did not stop in the face of all this; every time something rose against him, he reminded himself: "The gracious hand of God is upon me" (Nehemiah 2:8).

Nehemiah is a role model: he was a man of prayer, determined, obedient, and disciplined in working and leading. These qualities made a big difference in the face of opposition, and he became a man of great influence. He did not seek attention; in fact, when he arrived in Jerusalem, he did so in complete anonymity. I believe that sometimes great missions start this way; he kept his mission a secret while preparing; he was wise and waited for God's direction. Nehemiah remained focused; seeing his beloved city in ruins, he did not allow distractions or discouragement to take control over the successful vision that God had placed in his heart.

Once established, Nehemiah shared the plan with everyone to involve the community. Not everyone agreed, and this is normal in every project. Things will not always go as expected, and not everyone will support your ventures; but remember that the only one who knows where this first step of faith is heading is God. When you have a vision, you must cherish it and remain diligent and hardworking. Your focus cannot be on the dream-sabotaging minds but on the leaders who want and can help you fulfill this vision. God placed key people in Nehemiah's project, and he did not question whether God was with him or not. He always knew that everything obtained for this mission came from God's goodness and provision.

Sometimes we spend more time and energy thinking negatively than taking that first step of faith so that God can put everything in place. It is very important to trust to start seeing the favor we can receive.

Sanballat, Tobiah, and Geshem openly criticized, mocked, and tried to sabotage the reconstruction plans, but God had granted Nehemiah the wisdom to clearly see the intentions of these people who even tried to implement a plan to kill him. Nehemiah's enemies saw their own interests and openly declared war on him to prevent his success, using criticism, judgment, sabotage, and harassment. Never forget, there will always be people who see your assignment as rebellion and not obedience because perhaps what God has assigned to you looks very modern, ridiculous, breaks the king's law, or is too big for you to do. God does not see things the way egocentric people act. He disregards the tendency to disqualify, criticize, and destroy dreams; but power, resources, ideas, and everything come from God, the King.

COMMITMENT

Nehemiah was committed to the mission: he traveled from the Persian Gulf to the Mediterranean Sea. He was very astute, knew how to use his time in the court well to learn, and became a true project leader. Likewise, we must be good stewards of our time and be willing to learn where we have been positioned. Like Nehemiah, you also have talents, God's favor, leadership, and experience that can be useful once opportunities arise. If you manage your time well, you can prepare for the precise moment when the opportunity arises and recognize, with God's help, that your moment to act has come.

Nehemiah observed, educated himself, and learned from his experiences for 52 days, demonstrating his perseverance. You can also build a new life with healthy habits, positive thoughts, and attitudes that help you achieve success in leading others to build dreams, opportunities, and a strong and stable relationship with those they love; but above all, with the Giver of all gifts and opportunities, the King who has given you his favor and who accompanies you.

Start today to rebuild your walls through faith, prayer, and obedience as you walk with the only one who has the power to transform a situation, a life, or a place full of difficulties into a fortified place. Your Jerusalem is waiting for you; the answer and the perfect plan are already in God's hands.

Like Nehemiah and the young men in captivity, we too can see God's favor and grace. If we bring Him a sincere petition from the depths of our hearts, He will help us. The lack of resources around us is not a factor that determines how far we can go, what we will build, and what dreams we will fulfill.

ke

$\mathcal{E} = MC_2$

$\pi = 3{,}14$

future

$\dfrac{x + x^2}{y}$

$\longleftrightarrow$

CHAPTER 4
ABSALOM

This young prince grew up in a palace and was admired by many in the kingdom. He had wealth, fame, and beauty; however, he wanted more. That can be one of the problems when we have an insatiable heart or allow our heart to be filled with greed, bitterness, resentment, envy, and anger. All these feelings and emotions contaminated his heart to the point that he rebelled against his father and wanted to sit on his throne at any cost. Absalom made it his life's purpose to be an enemy of wisdom and to give free rein to his desires and passions without listening to advice.

What happens when instead of being obedient to God, we rebel against Him?

In a social context, rebellion is rising against an established order, going against society, and being disciplined for it. In the kingdom of God, rebellion is the conscious action of turning away from God and deciding to live a life without Him.

In Absalom's story, we observe several characteristics of his personality that displease God and, if present in our lives, will make it very difficult for us to be successful or have healthy relationships with others. In the book of Proverbs, these attitudes and behaviors are considered enemies of wisdom. Let's look at some examples:

FOOLISHNESS

Foolishness—or the lack of knowledge of things, whether human or divine, and especially of practical wisdom—is the deficit of essential knowledge for moral life and for listening to God's counsel. Proverbs 12:15-16 warns us that fools believe their own way is right, but the wise listen to others. A fool gets angry quickly, but a wise person stays calm when insulted.

DECEPTION AND BETRAYAL

Absalom set out to steal the hearts of the kingdom's inhabitants; he acquired chariots and horses and had fifty men run ahead of him.

"After this, Absalom bought a chariot and horses, and he hired fifty bodyguards to run ahead of him. He got up early every morning and went out to the gate of the city. When people brought a case to the king for judgment, Absalom would ask where in Israel they were from, and they would tell him their tribe. Then Absalom would say, 'You've really got a strong case here! It's too bad the king doesn't have anyone to hear it. I wish I were the judge. Then everyone could bring their cases to me for judgment, and I would give them justice!' When people tried to bow before him, Absalom wouldn't let them. Instead, he took them by the hand and kissed them. Absalom did this with everyone who came to the king for judgment, and so he stole the hearts of all the people of Israel."

2 Samuel 15:1-6 (NLT)

IMPATIENCE

It is evident that this young prince wanted to be king as soon as possible, not wanting to wait for his moment or simply accept God's will.

Impatience is the inability to wait; it is also the restlessness for something that hasn't arrived yet, creating an obsession to achieve one's will or plan without consulting God or anyone else.

For several years, impatience was a great obstacle in my life, and I want to share with you the negative effect it can have on our lives. Being patient today has been a gift from God; people around me mention the patience they see in me now, but it hasn't always been this way.

Let's look at some negative consequences of impatience:

- It prevents you from enjoying what we call in social work the here and now. Because even if you haven't finished an activity, task, or goal, you are already worrying about what's next.

- All your goals become much more complicated because impatience gives way to frustration and helplessness, as we feel we can't improve the course of what happens.

- It affects our emotional balance and our ability to make good decisions, as it clouds our vision and limits our way of thinking and exercising good judgment.

- It can turn us into anxious, stressed, distressed, compulsive, and unfocused people. These factors can lead us to see the negative in everything we do or participate in.

- Impatient people tend to spend less time on self-care, such as healthy eating or going for a walk, which can lead to medical conditions. It is important to practice patience with our bodies and take the time necessary to meet each physiological need. Our mind and body are connected, and what happens in one area affects everything else.

- Impatience is demanding that God act according to our plan and not the one He has prepared for us. Like Absalom, it is believing that our leadership is better than the King's sovereignty.

- It steals moments and memories with your loved ones. We must stay mindful with every family interaction. Small children require a high level of patience to listen to them, help with their needs, and show them how important it is to communicate, even if it takes them longer to express themselves and for us to understand them.

Impatience should have no place in our lives; it steals time, health, positive thoughts, and healthy relationships with others. Today we can decide together to practice patience.

PATIENCE

This will allow us to stay focused on what we have, who we are, and whom we trust. Being patient helps us learn from others, enjoy happy moments, and also moments of waiting. Being patient represents and reflects your trust in God and shows how to remain positive and pleasant in the face of daily challenges and difficult situations. If you identify with some of the attitudes mentioned, you can choose to transform that behavior. Decide to act with God's patience and not Absalom's impatience, and you will be greatly surprised.

"Better to be patient than powerful; better to have self-control than to conquer a city." Proverbs 16:32 (NLT)

King David conquered kingdoms, cities, and the hearts of his people; however, in his own home, there were struggles he could not overcome due to the consequences of his own bad decisions. After David repented for his wrongdoing, God forgave him, but He did not free him from the consequences of his sin. David was dearly loved by God and was adorned with grace and favor; nevertheless, God allowed him to live through the consequences of his actions.

Absalom and Solomon grew up under the same roof; however, we can see the difference in the decisions they made: one chose to obey, and the other to rebel against God's will. Every decision we make in this life will have a consequence, which can alter the wonderful life plan we can complete and instead position us in painful, bitter, and sorrowful situations. Absalom focused on his father's mistakes, while Solomon chose to honor him even knowing his father had made those mistakes. Both made a decision. I invite you to make a good decision and establish friendship with wisdom, patience, and divine truth that we can only find when connected with God.

ike

$\mathcal{E} = MC_2$

$\pi = 3,14$

future

$\sqrt{\dfrac{x+x}{y}}^z$

CHAPTER 5
DANIEL

The story of Daniel's life is found in his own writings. There are some similarities between the lives of Daniel and Joseph, the son of Jacob. Both prospered in foreign lands after interpreting the dreams of their rulers and were elevated to significant positions due to their faithfulness and devotion to God.

Daniel and his companions proved to be the wisest of all the trainees, and at the end of their training, they entered the service of King Nebuchadnezzar. The first sign of Daniel's loyalty to God was when he and his three friends refused the king's rich food and wine, deeming it defiling. They chose an alternative diet and their appearance was healthier; thus, they were allowed to continue their chosen diet. These four men from Judah became knowledgeable in all matters of Babylon, and God gave Daniel the ability to understand visions and dreams (Daniel 1:17). He didn't consult Babylonian instruments to interpret dreams and visions, but sought only God.

In the second year of his reign, Nebuchadnezzar was disturbed by a dream he couldn't interpret. He summoned magicians, astrologers, enchanters, and Chaldeans to explain his dreams. These men were willing if Nebuchadnezzar first told them what the dreams were about, but it was an impossible task for any man. The king decreed that all the wise men, including Daniel and his companions, be put to death. However, after Daniel sought God in prayer, he received the dream in a revelation and was brought before the king to interpret it. Daniel attributed his ability to interpret dreams to the one true God. He told the king that one day there would be a kingdom established by God that would last forever and destroy all previous kingdoms established by man. Daniel was honored by King Nebuchadnezzar and placed in authority over all the wise men of Babylon. His three friends were also placed in positions of authority as administrators of Babylon.

Later, King Nebuchadnezzar had another dream, and again Daniel was able to interpret it. The king recognized that the Spirit of God was with him. The interpretation Daniel gave was once again satisfactory. Nebuchadnezzar experienced a period of madness; after some time, his reason was restored. The king praised and honored Daniel's God as the Most High God (Daniel 4:34-37).

Belshazzar inherited Nebuchadnezzar's throne, and during a banquet, he ordered the gold and silver cups stolen from the holy temple in Jerusalem to be brought and used. Suddenly, King Belshazzar saw a hand writing on the wall. His astrologers were unable to interpret it, so Daniel was brought in to interpret the writing. As a reward, he was promoted to the third-highest position in the Babylonian kingdom. That night, the king died in battle and was replaced by Cyrus the Great of Persia, and Darius the Mede was crowned king.

I was not brought into captivity in the United States, but like Daniel, as a teenager, I was surprised by the worship of things completely opposed to God. Seeing signs inviting magic consultations, astrology, and other practices was a cultural shock. The promotion of clubs and tarot shops at a drive-thru was different. I even wondered why the same system wasn't used to offer words of encouragement or mental health support. Perhaps it seems simple, but one of those cultural shocks was how phone numbers constantly advertised magically solving all problems, finding the ideal partner, and making love bindings with your platonic love. This makes me think that young Daniel might have experienced something similar upon arriving in Babylon.

I remember a volunteer teacher in my school in Managua who taught us Bible stories. The teachers gave her fifteen minutes at the end of the class, and she taught me about practices that displease God. In Miami, I clearly remembered her message and meditated on it. In Deuteronomy 18:10, God tells us:

"Let no one be found among you who practices divination or sorcery, interprets omens, engages in witchcraft."

Daniel showed wisdom in not wanting to be part of things that offend God. Have you ever decided to accompany a friend to a place you know you shouldn't go?

One day, on a trip, we visited towns in southern Miami where there were several fortune-telling places; although I didn't have anything read, I decided to wait outside for my friends. Suddenly, a lady approached me and said:

"There's something very strong in you that doesn't let me read you. Surely a dead person is protecting you."
I was very scared and replied:
"I follow a living God."

And she left. I think she wanted to arouse my curiosity, and that was one of her methods to make people want to know more and use her services.

Daniel and his friends undoubtedly learned from their teachers in Jerusalem that divination is considered a sin. Despite being so young, Daniel and his friends made wise decisions and distanced themselves from the Babylonian customs of their time.

Spiritual practices are very serious, not harmless entertainment or an alternative source of wisdom. It is wise to avoid any practice related to divination, including fortune-telling, astrology, witchcraft, tarot cards, spells, etc. The spiritual world is real, but not harmless. According to the Scriptures, spirits that are not the Spirit of God or angels are unclean spirits. Ephesians 5:11 warns us:

"Have nothing to do with the fruitless deeds of darkness, but rather expose them."

Daniel lived in a similar environment; he witnessed political and spiritual corruption, intrigues, and vices of a civilization clinging to power, conquests, and flattery; yet his life was a clear demonstration of integrity, faithfulness, and commitment to a person consecrated to God. He positively impacted his environment.

WHAT DOES IT MEAN TO BE CONSECRATED TO GOD?

Living a consecrated life to God means clinging to and persevering in Him. Out of love and gratitude, we express our dedication to Him through three things: a passion for obeying His commands, a spirit of humility, and a servant's heart. Daniel was knowledgeable in the Scriptures and learned from an early age:

"Only the Lord your God shall you follow and serve. Keep His commandments and obey Him; serve Him and hold fast to Him." Deuteronomy 13:4

Daniel's name means "God is my judge"; but the Babylonians gave him a new name: Belteshazzar, which was not associated with his Hebrew roots. Surely this was an assimilation tactic used when they conquered new peoples; they wanted them to assimilate to their religious and spiritual practices, not just cultural ones.

WHAT IS ASSIMILATION?

Cultural, political, or religious assimilation describes the process of integrating people into the culture of the country they have arrived in. It is a long process that can take decades to complete and includes adaptation in many ways, from culinary tastes to speech patterns.

Daniel was very young when he was taken to a land with a new language and cultural and spiritual traditions very different from his own. However, he decided to persevere in his family's teachings and maintain his faith. His faithfulness to God was tested on various occasions. One of the greatest trials he faced was being thrown into the lion's den. This was just one of the hard moments he faced in captivity, surrounded by people who envied his position and performance in tasks of authority and influence.

Daniel teaches us that, wherever we are, we should not change or forget who we are and who is with us. He was delivered because God was with him. Like Nehemiah, he lived a life of prayer. In fact, refusing to abandon prayer led to him being thrown into the lion's den. He excelled in his duties to such an extent that King Darius considered putting him over the entire kingdom. This greatly angered the other governors, who sought a way to accuse him; but since they couldn't find any fault in Daniel, they focused on his faith. Through flattery, the governors persuaded Darius to issue an edict forbidding prayer to any god except the king for thirty days. Whoever disobeyed would be thrown into the lion's den. Daniel remained steadfast, living a life of integrity in a culture trying to mold him.

CHARACTERISTICS OF A PERSON WHO WALKS IN INTEGRITY

- Obeys God.
- Has an attitude of excellence and service.
- Demonstrates faithfulness in their roles.
- Possesses a heart full of personal purity that seeks God every day.
- Walks consistently with God and prays to Him at all times and occasions.

Daniel showed integrity throughout his life. Integrity is the quality of being honest and showing a consistent, persistent, and determined adherence to solid principles, moral values, and ethics. In ethics, integrity is considered honesty and truthfulness or accuracy of one's actions. Integrity can oppose hypocrisy and calls us to self-evaluation to make necessary changes. Proverbs 10:9 says:

"People with integrity walk securely, but those who take crooked paths will be found out."

King Darius, saddened, ordered Daniel to be thrown

into the lion's den but not without a prayer that Daniel's God would rescue him (Daniel 6:16). The next day, Daniel was found alive and told the king that God had sent an angel to shut the lions' mouths so they wouldn't harm him. This miracle led King Darius to issue a decree that all his subjects worship God. Daniel continued to prosper throughout King Darius's reign.

Daniel's integrity allowed him to earn the respect and affection of the powerful rulers he served. However, his honesty and faithfulness in his work never led him to compromise his faith in the one true God. Instead of being an obstacle to his success, Daniel's continuous devotion to God brought admiration from the unbelievers around him. When interpreting dreams, he was quick to credit God for the ability He had given him (Daniel 2:28).

Daniel also teaches us that, regardless of whom we are dealing with or their status, we are called to treat them with compassion. He was deeply affected when delivering the interpretation of Nebuchadnezzar's second dream (Daniel 4:19). As good citizens, we are called to obey the rulers and authorities God has placed and treat them with respect; however, as we see in Daniel's example, obeying God's law must always prevail over obeying men (Romans 13:1-7; Acts 5:29).

"Praise be to the name of God for ever and ever; wisdom and power are his." Daniel 2:20 (NIV)

CHAPTER 6
DEBORAH

In my life, I have met many women with the personality and leadership qualities of Deborah, from whom I have learned and continue to learn. In the mentoring program I lead, I have seen how a woman can grow, develop, and transform her leadership with the tools she needs for the stage of life she is in.

Deborah was a busy woman who worked for God by leading her people. She held court under a palm tree known as the Palm of Deborah in the hill country of Ephraim, and the Israelites came to her to resolve their disputes. She was a woman of great wisdom, revelation, and discernment. She also had a prophetic gift that made her aware of the times and the interpretation of God's messages for His people. She clearly heard the voice of the Lord. Judges 5:12 recounts that one day God called her, saying:

"Wake up, wake up, Deborah! Wake up, wake up, and sing a song! Arise, Barak! Take your captives, son of Abinoam."

Barak, a high-ranking warrior in the army, was called by God through Deborah. Both needed to "wake up and arise"; the Lord was telling them to be alert and pay attention because He was about to move in an extraordinary way. Judges 5:7 says:

"Village life in Israel ceased, ceased until I, Deborah, arose, arose a mother in Israel."

Of all the things Deborah could have legitimately called herself—judge, prophetess, deliverer, intercessor, worshiper—she chose to call herself mother. First and foremost, she was a mother. It is clear that, as a mother, she longed for her children, her people, to experience the peace and security that comes from God.

The people were so confused, distant, and afraid that it seemed no one in Israel would fight until Deborah "arose." The people had been struck by twenty years of slavery; they were too tired and discouraged to fight. They needed someone to inspire them, and the Lord chose Deborah. If she hadn't been obedient to act according to what the Lord told her, nothing would have changed. She used her position of influence and authority as a judge to inspire Barak to raise an army.

Deborah was a warrior worshiper, delighting in the art of spending time alone with God. She found encouragement and strength in worship and writing to be obedient to everything the Lord asked her to do. She chose not to exercise her authority poorly. If she had been disobedient, she would not have had all the experiences that led her to be used by the Lord to liberate Israel from slavery. She would not have had the wisdom and revelation to judge disputes. She would not have heard the Lord's strategic battle plans as an intercessor. She would not have extended her compassionate mother's heart beyond her family to encompass all of Israel. She would not have brought healing and empowerment to an entire nation. Obedience is essential to achieve success and fulfill God's good plans.

Barak was told:

"Arise, Barak! Take your captives!"

At one point, he felt intimidated and decided not to go to war without Deborah; but in the end, he was obedient and raised an army. This step of obedience was also necessary to achieve victory; Barak had to persevere in his assignment.

Deborah's story would not be complete without acknowledging Jael, another woman who stepped forward to literally claim her place in history. She was in the right place at the right time and did what she knew she had to do. Deborah called her "most blessed of women who live in tents" (Judges 5:24). Jael was a housewife who was invaluable in winning the war.

Have you ever been underestimated for who you are? God does not underestimate or reject us. Some people have underestimated me for being a woman. On one occasion, when we were in Iraq, in the middle of the war, one of my fellow soldiers said to me:

"What are you doing here? You should be at home cooking, washing dishes, and taking care of your family."

At that moment, I took it from who it came from: a young man speaking from his perspective. Through his educational advancement, he is now a man who fights for women's education and eventually became an ally in raising awareness against the mistreatment of women.

Deborah's story teaches us the skills and abilities women can have in leadership positions. She was the only female judge in the history of the Old Testament. Male leaders sought her advice because she maintained a very close relationship with God, and He granted her wisdom for making good decisions, both personally and to lead her people. She was a leader with an unbreakable character in the face of adversity because she knew where the counsel and help would come from.

Some women turn away from God because they think, like many men, that God excludes them and does not want them to serve in leadership positions or is not interested in their ability to pursue their careers, studies, gifts, skills, or entrepreneurial talents. This is a lie that society has invented to create division, increase conflicts between men and women, and paralyze spiritual, intellectual, and entrepreneurial growth. God clearly explains the wonderful role He has given to women, expresses His unconditional love, and the purpose He has designed. He provides us with the necessary tools and opportunities to serve Him and live a healthy and prosperous life.

For me, being a mother defines many of the things I do. Like Deborah, I want the best for my children; I want them to be productive, help others, and above all, follow God every day of their lives. I am involved in the fight for youth at the state and federal levels because young people are our future. I participate in the community advancement of families because I firmly believe that a united family with vision and direction can achieve success and share the blessings God places before them. For those who find themselves alone, I believe God places them in families and always has a perfect plan to be more than conquerors in battles like Deborah and Barak. God always places teachers, friends, and family members who support us in both great and small struggles. Currently, I work with leaders who seek my advice and strategy, and Deborah's story helped me understand that I cannot be silenced by violence or disdain for fulfilling my responsibilities. It is wise to remain silent when necessary; but as the book of Ecclesiastes says, there is a time for everything, and Deborah teaches us that God demands that each of us fulfill our duty to serve and help others. In such situations, I remember that God has not given me a spirit of fear, that the wisdom God places in us must be put into practice, and that sometimes we must face and lead others to make good decisions individually or in groups.

Deborah had many leadership qualities and a notable relationship with God. She was a mediator, counselor, strategist, and planner. The perception and confidence that God gave her placed her in a unique position. She was and continues to be an example of wisdom, justice, and success. It is very important to surround ourselves with people who give us good advice.

"Plans fail for lack of counsel, but with many advisers they succeed." Proverbs 15:22

Deborah reminds me that when life, circumstances, or people want to silence us, we must be stronger in our relationship with God because He will guide us to the next step. Deborah was in a battle, and we also fight daily against obstacles that want to rise to hinder our development and achieve the goal established for our lives. Deborah had no ambition for power, and this is very important to learn because sometimes in various projects, controlling, possessive, egocentric personalities may arise. Only God can give the wisdom to work with these personalities and communicate the obstacles to avoid being slaves to the foolishness of others that prevent us from advancing. Deborah knew how to identify her surroundings well because God was with her. Her life challenges us in many ways, one of which is to realize that God chooses leaders according to His criteria, not people's.

VALUES AND CRITERIA OF A GOOD LEADER

- A relationship with God.
- Respect.
- Integrity.
- Obedience.
- Firmness.
- Discipline.
- Confidence.
- Unity.
- Wisdom.
- Persistence.
- Dedication.
- Faithfulness.
- Diligence.
- Love.

The Lord prepared Deborah in her secret place of worship, which helped her hear God's voice. Her intentional connection with Him through worship gave her confidence while the time came to go to war. The Lord will do the same with us. As we deepen our relationship with God, He will guide us clearly regarding the plans for our lives. God can use many ways to confirm to us repeatedly that we are on the right path, that His truth is the right way to do things, and that there is abundant and full life when we choose to listen and obey His voice.

"Those who think wisely pay attention to what they say; those who pay attention to what they say convince better. Kind words are like honey: they sweeten life and heal the body." Proverbs 16:23-24 (TLA)

CHAPTER 7
ESTHER

Beauty pageants are immensely popular in Latin America. Since a young age, I remember that Miss Venezuela was always a favorite to make it into the Top Five. In our home, we would rejoice when we saw Latin American countries among the finalists from Asia, Africa, and Europe. My grandma, my sister, and I were always glued to the Miss Venezuela contest, Miss Nicaragua, and others that were broadcasted on Venevisión back then; it was also a big event on Nicaraguan television. My sister and I made paper crowns and invited other girls to play along. In recent years, these competitions have changed a lot; they no longer focus solely on physical beauty but also on qualities of character and social projects the contestants are working on in their communities. Perhaps we don't all share this hobby, but let me tell you how God works all things together for good.

Some of my friends say I'm a "missologist" when it comes to beauty pageants. Missosologists are the ones who provide the public, through blogs, TV shows, or social media, with unknown facts about the contestants in beauty pageants. I've had the opportunity to meet some representatives from my country and to support other Misses from Latin America.

Nicaragua's first placement in the top was in 1977 when an 18-year-old girl from Rivas made history by becoming the first Nicaraguan to make it to the Top 12 semi finalists of the most beautiful women in the universe. From that year on, there were no other placements until 2007, 2013, 2021, and currently the crown was achieved by young Sheynnis Palacios in November 2023. I was in Winston Salem, North Carolina, but that didn't stop my family and friends from gathering via WhatsApp to watch Sheynnis compete for the crown. It was an emotional moment watching her move through the different categories and eventually being crowned. The first thing she did was look up to the sky and say to God, "This is yours, this crown is yours," and then added, "I love you, Mom." She stared directly into the camera, as her mother was not physically present. When she was declared the new Miss Universe, her mom knelt down and thanked God for crowning her beloved daughter with success.

Nicaragua was filled with joy and celebration. Many of us know the story of effort and overcoming of this young communicator, who has worked on social causes and on promoting and educating about mental health by sharing her struggle with anxiety and encouraging young people to seek help to take care of themselves, without stigma or harmful labels that prevent them from having a productive and healthy life in all areas. Sheynnis represents the hardworking, dedicated, brave, and determined woman. Not only Nicaraguans celebrated her achievement, but also other Central American nations and the rest of Latin America welcomed her as a victorious queen.

During her preparation for Miss Universe, Sheynnis faced harassment because she has always shown herself as she is: a hardworking and humble woman with great faith. She supported her grandmother in a business of Buñuelos and other Nicaraguan typical foods. Harassers on social media began calling her "Miss Buñuelos," posting ridicule and claiming she wouldn't qualify in the competition. Those same people had to cover Sheynnis' triumph as the first Nicaraguan Miss Universe, fulfilling what the Scriptures say:

"You prepare a table before me in the presence of my enemies. You anoint my head with oil; my cup overflows with blessings." Psalms 23:5 (NLT)

Have you noticed that there is a beauty contest recorded in the Bible? That's how young Esther was chosen to be the wife of the king of Persia and became the sovereign of Susa, the capital of the empire. This opportunity to be positioned in the royal court began when Queen Vashti was banished from the king's presence for refusing to appear before her husband, an act of rebellion against King Xerxes. After this event, the search for a new queen began; Xerxes issued a decree to gather all the most beautiful women in the empire and bring them to his royal harem.

Suspense, power, romance, and intrigue are the ingredients of best-selling novels. I recently visited an event with authors from various genres and noticed that these writing genres are very popular among teenagers and adults. The book of Esther, although possessing all these elements, is not fiction but a true story written many centuries ago.

Perseverance, discipline, and courage The purpose of this story is to demonstrate God's sovereignty and care for each of us, His people. Young Esther grew up without her parents and was adopted by her cousin Mordecai, a scribe of the royal court. He likely had a significant influence on Esther's academic education; we must remember that at that time, not all women knew how to read or write. Mordecai also taught her the customs of her people. When Esther went to the palace, the king was enchanted by her beauty. Here we can see that God's favor and grace were upon Esther's life, even though she had no family besides her cousin. The Heavenly Father had marvelous plans; she was equipped with knowledge of her people's history, wisdom, and the ability to seek God's wisdom through fasting and prayer when making decisions. Esther was a chosen woman for a mission and a purpose. Like the youths in Babylon, she also faced power struggles, conspiracy, and attacks on her life.

A plan of extermination against the queen and her people In the story appears Haman, a jealous, egocentric, ambitious, and selfish man who was second in authority in the empire. He wanted everyone to bow down to him in reverence and could not tolerate Mordecai's refusal to do so, as Mordecai only bowed down to God, like the youths in Babylon. Haman was so enraged by this defiance that he resolved to destroy Mordecai and all the Jews.

To carry out his plan, Haman used the same strategy used against other upright people in other stories told here. He used deceit, lies, manipulation, and fear to persuade the king to issue a decree condemning the Jews to death. He acted in complete foolishness; he was already in authority and influence, but his hatred prevented him from seeing what he had and instead focused on what he lacked. This reminds me of the proverb that says:

"If you set a trap for others, you will get caught in it yourself. If you roll a boulder down on others, it will crush you instead." Proverbs 26:27 (NLT)

Mordecai visited the queen and communicated the entire plan against the king. He also took the opportunity to remind her that God had placed her in a strategic position to deliver her people from the extermination planned by Haman. He said:

"If you keep quiet at a time like this, deliverance and relief for the Jews will arise from some other place, but you and your relatives will die. Who knows if perhaps you were made queen for just such a time as this?" Esther 4:14 (NLT)

The queen reacted with courage and decided to risk her life to save her people. The first thing she did was seek spiritual direction and dedicated herself to three days of fasting before presenting herself to the king.

The banquet that the queen received intelligence and much wisdom to reveal Haman's evil plans. God helps us by giving us ideas that come from His creativity and wisdom to give us peace in the face of threats, dangers, and difficult situations. She invited King Xerxes and Haman to be her guests at a banquet. During the dinner, the king asked Esther what she truly wanted and promised to give her whatever she asked for, but she simply invited them to another banquet the next day.

That night, the king couldn't sleep and ordered his reign's story to be read to him. Then they read to him about the plot that Mordecai had thwarted, and the king was greatly surprised because this person had never been rewarded. The next day, the king asked Haman how a hero should be honored. Haman was so self-centered that he thought the king was referring to him, so he suggested an extravagant reward. The king liked the idea very much, but Haman felt completely humiliated when he found out that the honor was for Mordecai. Here we can see how God, who sees everything, used Haman to honor him.

Many times we don't understand how God works, but we're not called to understand everything; rather, to trust, believe, and walk in obedience to God. Exodus 14:14 says that the Lord fights for us; we only need to be still. We can misinterpret stillness as inaction, but when we see in this story that both Esther and Mordecai acted and did not give in to despair, discouragement, fear, or oppression from Haman; they knew that our God is great, strong, and victorious against every threat.

Esther prepared the second banquet, and the king asked her again what she desired. She said:
"Someone has plotted my destruction and that of my people," and she pointed to Haman.

Immediately, the king sentenced Haman to die on the sharp pole he had prepared to execute Mordecai. Sometimes your enemies' plans will be frustrated in such a way that they themselves will experience the trap they set for you. Still, we are called not to wish harm upon anyone. Haman suffered a just judgment that came from God. He made decisions driven by bitterness, hatred, envy, and suffered the consequences of his actions.

A wise counsel from God in the Scriptures is:

"Do not be deceived: God cannot be mocked. A person reaps what they sow. Whoever sows to please their flesh, from the flesh will reap destruction; whoever sows to please the Spirit, from the Spirit will reap eternal life. Let us not become weary in doing good, for at the proper time we will reap a harvest if we do not give up." Galatians 6:7-9 (NTV)

Mordecai obtained Haman's position, and the Jews were guaranteed protection throughout the empire. The festival of Purim was established to celebrate this historic event. Because of Queen Esther's bravery, the entire people were saved. She seized the opportunity that God gave her and made the most of it; her life made a significant difference for her family and community (Esther 4:14). We too have been created for such a time as this; let us examine our hearts and see how God can work through us because we have been prepared for a moment like this.

Esther is one of two books in the Bible named after a woman, the other being Ruth. The book is unusual in that the original text does not contain any title, name, or pronoun for God. However, God's presence is clear, and the wisdom given to the main characters can only come from Him.

IN CONCLUSION

In each of these stories, the characters faced overwhelming odds in the eyes of humans; most were young orphans, captives without opportunities for success and prosperity in life. Yet God had different plans for their lives; things did not end badly because they made the best decision: to persevere in God, to trust Him, and to seek Him to overcome all obstacles.

I pondered greatly about writing this book for young people, knowing that many seek content with quick and easy solutions to conquer the daily evils that beset us, whether in school, family, work, or uncontrollable situations. After much reflection, I decided to share things in this book that I had not previously revealed about my school years. I'll be very honest with you; I had to learn the advice I am about to give you: I can talk to you about wisdom in all these chapters, but it will be of no use to acquire all these pearls if you do not put them into practice. Remember that wisdom is what is applied; knowledge is what is acquired—both must be put into action to be effective.

God set the stage so that each of His children would be positioned in a place of influence to be used at the right moment. Esther and Mordecai decided to trust in God and act in the face of the danger posed by their enemy's plan. Evil people, social networks, governments with perverse intentions, questionable practices, daily life difficulties, and many other problems cannot stop God and His wonderful plans for your life. Like the characters mentioned, you too can overcome fear, anger, bitterness, anxiety, depression, discouragement, bullying, and violence by deciding to act and not be part of inaction. Do not be among those who record with their phones when someone is attacked and do nothing, or when someone is in an emergency and others mock. Remember that we will be held accountable to the Creator of the universe for everything we do in this life. Action and inaction will not go unnoticed.

If you have made mistakes and taken wrong decisions, today you can start anew and walk persevering in the truth of God and His Word. Do not envy the path of the wicked or those who temporarily prosper and mock God, because He will bring justice in His time—as He did in each of these stories—and will place His faithful in positions of honor instead of shame and dishonor. Decide today to be on the winning team and join those who fear the Lord with reverent fear, respect, and love. God desires that you prosper every day of your life. Choose to live a life full of wisdom, persevering daily in the battles you have already won with God's help.

"Now all glory to God, who is able, through his mighty power at work within us, to accomplish infinitely more than we might ask or think." Ephesians 3:20 (NLT)

About the Author

Biography Claudia Galva-Gil is originally from Managua, Nicaragua. Author, counselor, and community mentor, she holds a Master's degree in Social Work from the University of Texas at San Antonio. She has two bachelor's degrees, one in sociology (University of Texas RGV) and another in psychology with a specialization in child development. She is a war veteran of the Armed Forces. After retiring from the United States Army, she decided to help veterans and their families embark on personal development programs, spiritual counseling, and entrepreneurial endeavors. Claudia is involved in community outreach and ministry work alongside her husband Mario; they both offer mentoring to high school and college students. Additionally, she is actively involved in two radio programs promoting adoption, children's well-being, small businesses, and education, as well as providing emotional support to young adults seeking holistic healing. She currently resides in Texas with her husband and four children.

She is a prominent member of the Guipil Academy: Write and Publish your Passion and a leader in the Valuable Woman Community.

Website: www.menteycorazonsaludable.org
Phone: (830) 252-2403

EDICIÓN BILINGÜE

PERSEVERANCIA Y SABIDURÍA

Herramientas Esenciales para Superar Obstáculos

CLAUDIA GALVÁN GIL

Editorial Güipil

Para otros materiales, visítanos en:
EditorialGuipil.com

"Quiero recordarte que la toma de malas decisiones la hemos experimentados todos en algún momento; sin embargo, Dios nos da la oportunidad de empezar de nuevo mientras tengamos vida, sin importar dónde estemos."

- Claudia Galván Gil

INTRODUCCIÓN

La depresión, la ansiedad, el acoso, el desánimo, la ira y la violencia escolar van en aumento. La negligencia de muchos líderes en casa, mentores de nuestros hijos, voluntarios en la comunidad y los educadores en esta generación está llevando a la juventud a creer que no existen las consecuencias, el respeto y la responsabilidad en cada acción.

Las redes sociales están inundadas de jóvenes cometiendo actos violentos llenos de maldad; y cuando analizamos la raíz de su comportamiento podemos ver que proviene del miedo, el dolor, la soledad de su corazón, el rechazo, el acoso y el abandono; sin embargo, nada justifica atacar a alguien por diversión, por generar vistas o popularidad o por lidiar con nuestras emociones. Nosotros debemos actuar y no quedarnos con la actitud de «ese no es mi problema» porque, tarde o temprano, la maldad, la necedad y la violencia estará frente a nosotros por la negligencia y pereza de una sociedad que decide alejarse de la responsabilidad de mantener un sistema de buenos valores en pie y un orden que le sirva a todos. Los diez mandamientos eran el pilar de muchas sociedades en el mundo y en muchos lugares han sido removidos porque conviene que las personas no sepan cómo actuar.

Mi padre, después de muchos errores, se convirtió en un hombre sabio al final de sus días. A ambos nos gustaba compartir nuestro atractivo profesional en el trabajo social y la carrera de derecho. Estimado lector, quiero compartir contigo este consejo que mi padre practicó por más de cuarenta años como abogado antes de aventurarnos en un viaje lleno de aprendizaje: «Cuando el derecho legal esté en desacuerdo con la justicia que viene de Dios, elige la justicia.»

PERSEVERANCIA

La perseverancia se define como la firmeza de ser y actuar; y es sumamente necesaria para establecer una visión, escribirla, establecer objetivos y alcanzar las metas hacia el plan de Dios para nuestras vidas. Perseverar aun cuando las situaciones, las personas y nuestro ambiente no parecen estar a nuestro favor. En realidad, lo que más necesitamos para perseverar es permanecer siendo guiados por Dios. Buscar Su consejo, guía y dirección. Las Escrituras hablan de la perseverancia en múltiples pasajes, y la define como la voluntad de mantenernos sin vacilar aun en medio de fuertes retos, dificultades y adversidad en distintas áreas de nuestra vida. Al colocar cada paso en manos del Señor, Él nos ayudará a crecer en la fe y acercarnos más a nuestras metas con su ayuda.

Perseverar es también continuar haciendo lo correcto aunque muchos a nuestro alrededor decidan hacer lo malo. Practicar lo bueno es agradable ante los ojos de Dios, quien todo lo ve. Todos los días enfrentamos retos o tentaciones que nos invitan a desviarnos del camino.

La oración es un medio de comunicación directa con Dios, y es la mejor manera de expresar cómo nos sentimos ante un reto, un problema, una debilidad o tentación. Dios siempre provee una salida para mantenernos en el buen camino y nos motiva a hacer el bien aunque estemos atravesando un momento de desánimo por nuestro comportamiento o el de otras personas.

«No nos cansemos de hacer el bien, porque a su debido tiempo cosecharemos si no nos damos por vencidos.»
Gálatas 6:9

En este libro conoceremos a varios personajes bíblicos que decidieron confiar en Dios a pesar de las circunstancias. Personajes que sobrevivieron guerras, cautiverios, orfandad, persecución, dolor emocional, depresión, ansiedad y muchas otras condiciones de las que Dios tuvo misericordia y les libró de todas sus angustias. Personas de la vida real que perseveraron en su fe, amor y entrega a Dios hasta el fin.

LA SABIDURÍA

Representada por una mujer en el libro de Proverbios, se define como una consejera llena de entendimiento, conocimiento y verdad. La sabiduría es de pocas palabras, lo más importante para actuar con sabiduría es ponerla en práctica.

Todos los días en las cortes de Estados Unidos y otros países podemos ver a jóvenes delante de un juez por la toma de una pésima decisión que tiene consecuencias graves para ellos y los demás. Ellos desconocen que la sabiduría odia el orgullo, la corrupción, la arrogancia y el lenguaje perverso. El Creador nos ha entregado el poder de decidir hacer lo bueno, lo justo y lo correcto.

«Mi consejo es sano; no tiene artimañas ni falsedad. Mis palabras son obvias para todos los que tienen entendimiento, claras para los que poseen conocimiento. Elijan mi instrucción en lugar de la plata y el conocimiento antes que el oro puro. Pues la sabiduría es mucho más valiosa que los rubíes. Nada de lo que uno pueda desear se compara con ella.»
Proverbios 8:8-11 (NTV)

CAPÍTULO 1
UN CAMBIO RADICAL
EN LA VIDA

Quiero contarte la historia de unos jóvenes que, al igual que muchos, han pasado por cambios radicales en sus vidas por situaciones que han estado completamente fuera de sus manos. ¿Alguna vez has sentido que tu vida cambió de un día para otro? Imagínate lo duro que puede ser el tener que dejar todo lo que conoces y empezar un largo viaje donde cada paso que tomas es nuevo para ti.

Los jóvenes de esta historia fueron sacados bajo fuerza de su hogar, fueron llevados a un lugar con creencias, costumbres y lenguaje diferente. Su nación, Israel, cayó bajo el poder del imperio babilónico, así que los reclutaron por medio de un secuestro; quizá tenían la misma edad que tú. El rey Nabucodonosor quería solo lo mejor de lo mejor y dio a Azpenas, oficial del ejército, instrucciones específicas para seleccionar a los jóvenes; debían ser inteligentes, con buena apariencia, talentosos y rápidos para aprender (Daniel 1:4). Azpenas los encontró y les cambió sus nombres; a Daniel le llamó Beltsasar; a Ananías, Sadrac; a Misael, Mesac; y a Azarías, Abed-nego (Daniel 1:7 NVI). En el libro de Daniel se relata que ellos «eran muy jóvenes» cuando sucedió este hecho. Posiblemente tenían entre 13 y 20 años cuando entraron en cautiverio. En las costumbres judaicas, los varones empezaban a estudiar con los rabinos y sabios después del ritual de confirmación conocido como bar mitzvah. Aunque ellos fueron seleccionados por sus características físicas e intelectuales, Dios vio más allá: vio el valor de ellos y también ve tu valor. Él te ama, cuida y te brinda gracia y favor. Dios no hace diferenciación entre las personas, Él no busca perfección.

«Dios nunca cambia. Fue Dios quien creó todas las estrellas del cielo, y es quien nos da todo lo bueno y todo lo perfecto.» Santiago 1:17 (TLA)

EL IMPERIO BABILÓNICO

La civilización babilónica fue una cultura antigua de oriente entre 2,100 y 538 A.C. Este imperio conquistó a sus pueblos vecinos. Los desterrados de Jerusalén —como se le conoce a todas las personas que fueron llevadas con el ejército—, caminaron más de 800 kilómetros (500 millas).

Babilonia, conocida por su arquitectura, palacios con terrazas y jardines colgantes, fue la primera civilización en documentar sus leyes por escrito. Una sociedad organizada en categorías de nobles, hombres libres y esclavos. Este imperio, en mi opinión, también era cazador de talentos pues a donde ellos llegaban separaban a las personas con conocimientos de ciencias, escritura, administración y los trasladaban a su capital. Les interesaba ser los más desarrollados en las áreas de medicina, matemáticas, tecnología de su tiempo y sabiduría para los consejeros del rey. La economía de Babilonia estaba basada en la agricultura, el comercio y la imposición de tributos.

JÓVENES BAJO CUIDADO GUBERNAMENTAL

La migración ha aumentado; hay miles de viajeros bajo circunstancias muy difíciles que han sido procesados por las autoridades migratorias en refugios, iglesias y hogares temporales. En los grupos de apoyo juvenil que facilito en centros comunitarios y diversas organizaciones, he visto que al crear relaciones fuertes de amistad en el grupo nace un sentido de pertenencia y de apoyo mutuo. Los adolescentes que han sido parte del sistema y están a punto de cumplir la mayoría de edad tienden a desarrollar ansiedad, preocupación extrema e inseguridades de cómo podrán cuidar de sí mismos. Reflexionar en la experiencia de los adolescentes en esta historia es de gran ayuda para quienes optan por participar en el estudio bíblico. Las personas pueden ver el cuidado y la fidelidad de Dios.

AMIGOS INSEPARABLES

Después de un tiempo en cautiverio y ya como miembros de la corte real. Sadrac, Mesac y Abed-nego atravesaron un gran reto juntos. El rey mandó a hacer una estatua de oro en su honor, y envió mensajes a todos sus funcionarios y autoridades a estar presentes en la dedicación de la misma. Muchos se inclinaron ante el rey y su estatua; pero los jóvenes hebreos no lo hicieron porque su fe establecía que solamente debían inclinarse ante Dios. El rey se enteró de sus acciones y los mandó a llamar.

¿No te parece interesante cómo el rey se enteró quién los estaba viendo de cerca y con qué intención los acusaron? Recuerda que Sadrac, Mesac y Abed-nego tenían el favor de Dios y, aunque eran cautivos, fueron colocados en posiciones de influencia y prestigio.

No fueron convertidos en eunucos y llevados a un harem, como era la costumbre de esa época. Dios los preservó en todo; seguían rodeados de nobles y servían al rey, posiblemente envidiados por otros miembros de la corte. Sus enemigos malinformaron al rey, quien tomó acciones drásticas contra ellos.

«Nabucodonosor les preguntó:

—¿Es cierto, Sadrac, Mesac y Abed-nego, que ustedes se rehúsan a servir a mis dioses y a rendir culto a la estatua de oro que he levantado? Les daré una oportunidad más para inclinarse y rendir culto a la estatua que he hecho cuando oigan el sonido de los instrumentos musicales. Sin embargo, si se niegan, serán inmediatamente arrojados al horno ardiente y entonces, ¿qué dios podrá rescatarlos de mi poder?

Sadrac, Mesac y Abed-nego contestaron:

—Oh Nabucodonosor, no necesitamos defendernos delante de usted. Si nos arrojan al horno ardiente, el Dios a quien servimos es capaz de salvarnos. Él nos rescatará de su poder, su majestad; pero aunque no lo hiciera, deseamos dejar en claro ante usted que jamás serviremos a sus dioses ni rendiremos culto a la estatua de oro que usted ha levantado.» Daniel 3: 14-18 (NTV)

A pesar del peligro, ellos decidieron permanecer fieles a Dios y a ellos mismos. Estuvieron unidos en la adversidad y la amenaza. A veces nosotros también podemos sentirnos presionados para seguir la moda del momento. Las personas pueden sentirse ofendidas porque no eres parte de ciertas actividades. Pero recuerda que la fidelidad a Dios siempre es recompensada.

RESISTIENDO LA CULTURA DE ODIO Y CANCELACIÓN

¿QUÉ ES LA CULTURA DE LA CANCELACIÓN?

La cultura de la cancelación es un fenómeno social en el que una persona o grupo es criticado públicamente, negándole así la oportunidad de expresarse debido a sus opiniones, acciones o comportamientos, considerados socialmente inaceptables u ofensivos. La persona puede ser cancelada en las redes sociales, eventos públicos, empresariales y se le coloca la etiqueta de «persona no grata» o «fuera de lugar» en su comunidad.

El rey Nabucodonosor se enfureció tanto con la respuesta de los jóvenes que su rostro se desfiguró a causa de la ira. Como resultado, envió a calentar el horno siete veces más de lo normal y envió a que los arrojaran con todas sus vestimentas. De esa forma Sadrac, Mesac y Abed-nego, firmemente atados, cayeron a las rugientes llamas. De pronto, Nabucodonosor, lleno de asombro, se puso de pie de un salto y exclamó a sus asesores:

—¿No eran tres los hombres que atamos y arrojamos dentro del horno?

—Sí, su majestad, así es—le contestaron.

—¡Miren!—gritó Nabucodonosor—. ¡Yo veo a cuatro hombres desatados que caminan en medio del fuego sin sufrir daño! ¡Y el cuarto hombre se parece a un dios!

Entonces Nabucodonosor se acercó tanto como pudo a la puerta del horno en llamas y gritó: "¡Sadrac, Mesac y Abed-nego, siervos del Dios Altísimo, salgan y vengan aquí!".

Así que Sadrac, Mesac y Abed-nego salieron del fuego. Entonces los altos funcionarios, autoridades, gobernadores y asesores los rodearon y vieron que el fuego no los había tocado. No se les había chamuscado ni un cabello, ni se les había estropeado la ropa. ¡Ni siquiera olían a humo!.
Daniel 3:23-27 (NTV)

Ten presente que el temor del Señor es la base del verdadero conocimiento, pero los necios desprecian la sabiduría y la disciplina (Proverbios 1:7).

CAPÍTULO 2
LA SABIDURÍA

Cuando era estudiante de secundaria era toda una aventura el tomar un taxi en Managua e ir a la biblioteca para hacer trabajos de investigación de escritura y ciencia. Este viaje en mi ciudad implicaba tomar muchas decisiones sabias; en la travesía debía poner mucha atención para no regresar a casa cuando cayera la noche y a menudo le preguntaba a alguna compañera de clases si quería acompañarme. Hoy en día hay mucho acceso a libros, revistas y periódicos desde casa. También se puede adquirir mucho conocimiento en un clic; pero obtener sabiduría requiere mucho más que un clic. Su búsqueda requiere humildad y un corazón dispuesto a ser direccionado con un buen consejo.

Las Escrituras describen a Dios como poseedor de abundante sabiduría, y con el deseo de compartir este regalo con todo aquel que lo pida. ¿Qué te parece? Creo que es maravilloso que el Creador del universo quiera darnos buenos regalos para la toma de decisiones que nos lleven a alcanzar una vida plena. La sabiduría que Dios brinda nos da acceso a obtener los distintos tesoros que Él tiene para nosotros, solo debemos buscarlos con constancia:

«Los que están atentos a la instrucción prosperarán; los que confían en el Señor se llenarán de gozo.»
Proverbios 16:20 (NTV)

UN JOVEN REY

Hablemos acerca del hombre que tuvo la mayor sabiduría: el rey Salomón, quien obtuvo un regalo muy valioso de parte de Dios: sabiduría, la cual trajo paz a su reinado y con ella vino la riqueza. Salomón era muy joven cuando heredó el trono de uno de los reyes más famosos de la historia: su padre, David.

¿Alguna vez has recibido una responsabilidad que consideras muy grande para ti? Tal vez Salomón se sintió de esta manera. En ocasiones podemos ser promovidos, recibir una posición de liderazgo y al mismo tiempo sentirnos inmerecedores, inútiles o simplemente en desacuerdo por la manera repentina de una promoción. En momentos así podemos hacer lo que hizo Salomón: él buscó un momento a solas con Dios, y Él se le apareció en un sueño diciéndole:

—¿Qué es lo que quieres? ¡Pídeme y yo te lo daré!

Salomón le respondió:

—Tú mostraste gran y fiel amor hacia tu siervo David, mi padre, un hombre transparente y leal , quien te fue fiel. Hoy sigues mostrando gran y fiel amor al permitirme sentarme en su trono. Pero soy como un niño pequeño que no sabe hacia dónde ir. Dame un corazón comprensivo para que pueda gobernar bien a tu pueblo y sepa la diferencia entre el bien y el mal. (1 Reyes 3:5-9 NTV)

En otros pasajes podemos encontrar que también le pidió a Dios un corazón entendido (1 Reyes 3:3-15), sabiduría y ciencia (2 Crónicas 1:7-12).

Jóvenes participantes en distintas actividades en mi ciudad han compartido conmigo cómo la toma de una mala decisión ha cambiado sus vidas por completo. La consecuencia de estas decisiones transformó los planes que tenían y su vida es totalmente diferente a la que un día soñaron. Quiero recordarte que la toma de malas decisiones la hemos experimentados todos en algún momento; sin embargo, Dios nos da la oportunidad de empezar de nuevo mientras tengamos vida, sin importar dónde estemos. Para dar un giro radical es importante saber qué decisión tomar hoy y cómo esta te afecta y afectará a las personas que te aman o se interesan por ti.

Al igual que Salomón, nosotros también tenemos la oportunidad de hacer peticiones a Dios en todo momento, sobre todo en situaciones confusas, eso demuestra la necesidad que tenemos de Él en nuestras vidas. Salomón pidió la capacidad de identificar lo bueno y lo malo; esta puede ser una petición de todos los días: pedir sabiduría para identificar lo bueno de lo malo.

Salomón tuvo que tomar decisiones difíciles que implicaban la vida y la muerte. El siguiente es un ejemplo de uno de los juicios que ofició. En 1 Reyes 3:16-26 se habla de un caso muy conocido, dos mujeres llevaron un bebé ante Salomón y cada una reclamaba el niño como suyo. Salomón ordenó que corten al bebé en dos partes por igual y entreguen a cada una la mitad que le correspondía. Una de estas mujeres aprobó la decisión; sin embargo, la verdadera madre de la criatura dijo:

—¡Oh no, mi Señor! ¡Denle el niño a ella, pero, por favor, no lo maten!

Esta madre prefería salvarle la vida a su hijo, aun cuando eso implicaba no volver a verlo jamás.

Con este ejemplo podemos ver que la sabiduría que Salomón había recibido de Dios estaba siendo de gran ayuda para el liderazgo y la toma de decisiones en su reinado y para servir a su pueblo. Dios se interesa por ayudarnos en la dificultad y darnos claridad en toda circunstancia.

¿Te has encontrado en situaciones donde no sabes qué decisión tomar? Tal vez eres un estudiante a punto de graduarte y te preocupa el camino a tomar después de la graduación, quizá la carrera que pensastes por muchos años no es la que te llama la atención ahora. Quizá no tienes un plan concreto y temes al futuro, o necesitas hablar con alguien para revisar prioridades. En la vida surgen estas inquietudes, Dios conoce nuestros corazones y habla a cada uno de ellos según nuestra necesidad. Descansar en Él es un acto de confianza y una decisión sabia. Él dice en Su Palabra:

«En verdad quien me encuentra halla la vida y recibe el favor del Señor.» Proverbios 8:35 (LBA)

También he experimentado el temor de no saber qué decisión tomar y situaciones donde la indecisión ha nublado mi mente. El miedo fue un factor paralizante en mi vida por muchos años; pero buscar de Dios y Su consejo me ayudó a confiar, esforzarme, ser fortalecida y creer en Sus promesas. Realizar procesos de eliminación me ayuda a identificar cuándo algo viene de mis propios deseos, influencia, presión de grupo o de Dios. La clave para recibir sabiduría es pedirla con fe, sin dudar, porque si dudamos entonces damos poder a la indecisión y somos llevados de un lado a otro, esto también puede significar el querer complacer a los demás por encima de agradar a Dios (Santiago 1:5-6 NVI).

El apóstol Santiago brinda muy buenos consejos de cómo identificar distintos tipos de sabiduría.

A continuación te hablaré de tres tipos de sabiduría e inteligencia. Reconocerlas ha sido clave para mantenerme en el camino correcto. Esto no significa que sea perfecta. Los errores cotidianos aún están presentes; pero al final terminan siendo una lección aplicada para así crecer y seguir en la dirección de Dios. Recibir corrección es poner en práctica sabiduría y buscar el consejo con diligencia:

«Lo principal es la sabiduría, adquiere sabiduría y con todo lo que obtengas adquiere inteligencia.»
Proverbios 4:7 (LBA)

SABIDURÍA DEL HOMBRE (TERRENAL)

La sabiduría del hombre es aquella que usa la capacidad mental para planes, proyectos, relaciones y metas, sin tomar en cuenta a Dios. A menudo escucharás en las redes sociales y en distintas plataformas un consejo popular guiado por esta sabiduría: «Sigue tu corazón y has todo lo que te hace feliz». Si decidimos seguir este consejo, nos daremos cuenta que nuestro corazón no es el mejor consejero, y haremos cosas de las cuales podemos arrepentirnos por las graves consecuencias que tienen. El libro de Proverbios dice que muchas veces tomamos decisiones guiadas por el corazón del ser humano para luego enojarnos con Dios por las decisiones que hemos tomado sin consultarle a Él.

«La insensatez del hombre pervierte su camino, y su corazón se irrita contra el Señor.» Proverbios 19:3 (LBLA)

LA SABIDURÍA DIABÓLICA

Su característica principal es la desobediencia y rebelión en contra de Dios, Su palabra y lo que Él ha establecido. Tiende a estar llena de confusión, mentira y oscuridad porque coloca la adoración a uno mismo y se separa de la instrucción y guía de Dios. Por naturaleza, los seres humanos tenemos la tendencia a actuar de esta forma y estamos propensos a la maldad; pero cuando somos guiados por Dios y la sabiduría que proviene de Él, esta edifica y no daña a otros. La sabiduría de Dios trae justicia. Guardar nuestro corazón ante la maldad nos mantendrá sanos, contentos y prósperos.

Un consejo que atesoro es el siguiente:

«Sobre todas las cosas cuida tu corazón, porque este determina el rumbo de tu vida.» Proverbios 4:23 (NTV)

SABIDURÍA INTELECTUAL O INTELIGENCIA

La inteligencia es la facultad de la mente que nos permite aprender, entender, razonar, tomar decisiones y formarse una idea determinada de la realidad a nuestro alrededor. Nuestro Creador es dador de la inteligencia; por eso, la clave es no depender de nuestra propia inteligencia ni dejar a Dios a un lado. Creernos más inteligentes no solo puede llevarnos a la arrogancia y la soberbia sino que también nos puede apartar de Dios, porque es una forma de decirle que nuestros planes son mejores que los de Él. Las bendiciones son para ser prosperados en todo, sin añadir tristeza con ellas, y no para esclavizarnos o robar nuestra paz.

LA SABIDURÍA QUE PROVIENE DE DIOS

Santiago 3:17 nos brinda la siguiente definición acerca de la sabiduría que proviene de Dios:

«Sin embargo, la sabiduría que proviene del cielo es, ante todo, pura y también ama la paz; siempre es amable y dispuesta a ceder ante los demás. Está llena de compasión y del fruto de buenas acciones. No muestra favoritismo y siempre es sincera.» (NTV)

Esta sabiduría da paz en un mundo turbulento y sometido a altas presiones, problemas y retos. La sabiduría de Dios nos ayuda ante los desafíos y nos da ideas creativas para continuar una vida productiva.

En la vida de Salomón podemos ver que su juventud no fue un obstáculo para que se llevaran a cabo los planes que Dios tenía para él; su reinado fue próspero, él pidió sabiduría y recibió un reinado de muchos años en paz con sus enemigos. Su padre, David, no pudo construir el templo que añoraba edificar para Dios. Él fue un hombre de guerra que luchó por su pueblo y dejó un legado para su hijo. Dios le concedió paz al rey heredero para construir; cuando estamos construyendo algo, el enemigo va a querer quitarnos la paz usando distintas estrategias como las distracciones, los obstáculos, comparaciones y los distintos retos en el camino; pero Dios da la sabiduría en cada situación para salir triunfante y mantenerte en plan perfecto que tiene para ti. Gracias a los tiempos de paz Dios le concedió a Salomón, él tuvo mucho tiempo para observar, escribir libros y dejarnos valiosos consejos que a pesar del tiempo son tan efectivos hoy como lo fueron en su momento.

Quiero regalarte un pasaje que me ha sido muy útil cuando he colocado objeciones a mi triunfo. A veces queremos correr, nos paralizamos o no tenemos ayuda de los demás; pero este versículo nos dice que esta forma de pensar no es correcta:

«Me volví y vi debajo del sol, que ni es de los ligeros la carrera, ni la guerra de los fuertes, ni aun de los sabios el pan, ni de los prudentes las riquezas, ni de los elocuentes el favor; sino que tiempo y ocasión acontecen a todos.»
Eclesiastés 9:11 (RVR1960)

Crecí con mucha necesidad emocional, he sanado y recibido muchas oportunidades de parte de Dios, Él ha sido muy generoso en mi vida. Con este pasaje de Eclesiastés me di cuenta que ni mi situación económica, ni la falta de un padre en casa o el abuso y acoso enfrentado en la infancia determinaron el rumbo de mi vida.

Dios nos da la oportunidad de dejar atrás los errores, el dolor, las pérdidas; y enfocarnos en la meta que está frente a nosotros; nos invita a persistir y tomar las mejores decisiones. Él nos da favor y oportunidades cuando decidimos tomar la decisión más sabia de todas: colocar nuestras vidas en Sus manos y sentar al Rey del universo en el trono de nuestro corazón. Recuerda que si sabes que necesitas sabiduría, pídela sin dudar y Dios concederá tu petición sin juicios y sin condenación.

«Y si alguno de vosotros tiene falta de sabiduría, pídala a Dios, el cual da a todos abundantemente y sin reproche, y le será dada.» Santiago 1:5 (RVR1960)

¿Qué estoy pensando?
What am I thinking?

Space to be creative:

CAPÍTULO 3
NEHEMÍAS: LIDERAZGO Y ORGANIZACIÓN

Quiero contarte la historia de un hombre en la Biblia que, ante la adversidad, la cautividad y la incertidumbre, decidió confiar en Dios. Su nombre era Nehemías, y él fue parte del tercer grupo de personas que regresó a Israel después del cautiverio, al igual que los jóvenes en Babilonia. Nehemías escribió su propia historia y en ella nos relata cómo las noticias de su pueblo llegaron hasta él. Haneni, un hermano de su pueblo, llegó a visitarlo y le dijo:

«Las cosas no andan nada bien, los que regresaron a la provincia de Judá tienen grandes dificultades y viven en desgracia. La muralla de Jerusalén fue derribada, y las puertas fueron consumidas por el fuego.» Nehemías 1:3 (NTV)

Nehemías tenía gran aprecio por la ciudad de sus antepasados. ¿Alguna vez has recibido una noticia que te conmociona tanto, que es necesario recurrir a alguien para que te ayude? Este fue el caso de Nehemías; se entristeció grandemente y, en su angustia, recurrió a Dios antes de contarle al rey lo que le sucedía. Él oró y pasó tiempo con Dios para tener claridad de lo que debía hacer. Como copero del rey Artajerjes de Persia, él gozaba de una posición cómoda, de alto prestigio y confianza. Entendió que había sido posicionado en ese tiempo para ser un agente de cambio; pero necesitaba la sabiduría, dirección y favor de Dios para tener éxito en la misión de reconstrucción que estaba por empezar. Nehemías concluyó su oración pidiéndole a Dios que le concediera éxito y favor delante del rey.

En la corte real, nadie podía mostrarse ante el rey con un rostro triste o desanimado. Al estar ante el rey, fue evidente que Nehemías no era siendo el mismo; así que Artajerjes le preguntó:

—¿Por qué te ves tan triste? No me parece que estés enfermo; debes estar profundamente angustiado.

Con mucho miedo y preocupación, Nehemías respondió:

—Viva el rey para siempre. ¿Cómo no voy a estar triste cuando la ciudad donde están enterrados mis antepasados está en ruinas, y sus puertas han sido consumidas por el fuego?

El rey ofreció ayudarle y concederle que visite la ciudad de Jerusalén. Nehemías vio que su oración a Dios fue contestada en la actitud positiva del rey. La organización de este proyecto inició cuando Nehemías pidió cartas de autorización del rey, demostrando así la necesidad de tener un plan bien pensado y la importancia de seguir la instrucción y dirección de Dios.

¡MANOS A LA OBRA!

Todo parecía ir muy bien. Cuando llegó a Jerusalén encontró personas dispuestas a ayudarle; pero con ello también hubo oposición, crítica y burlas. Algo admirable es que Nehemías no se detuvo ante todo esto; cada vez que algo se levantaba en su contra, él se repetía a sí mismo: «La mano bondadosa de Dios está sobre mí» (Nehemías 2:8).

Nehemías es un ejemplo a seguir: él era un hombre de oración, determinado, obediente y con disciplina para trabajar y liderar. Estas cualidades marcaron una gran diferencia ante la oposición, y así se convirtió en un hombre de gran influencia. Él no buscaba atención; de hecho, cuando llegó a Jerusalén lo hizo infiltrándose en total anonimato. Creo que a veces las misiones grandes empiezan así; él mantuvo en secreto su misión mientras se preparaba; era sabio y esperaba en la dirección de Dios. Nehemías se mantuvo enfocado, al ver su amada ciudad en ruinas, no permitió que las distracciones ni el desánimo tomen control sobre la visión exitosa que Dios había colocado en su corazón.

Una vez establecido, Nehemías compartió el plan con todos para así involucrar a la comunidad. No todos estuvieron de acuerdo y esto es normal en cada proyecto. Las cosas no saldrán siempre como esperas y no todos apoyarán tus emprendimientos; pero recuerda que el único que conoce hacia dónde va este primer paso de fe es Dios. Cuando tienes una visión, debes atesorarla y permanecer diligente y esforzado.

Tu enfoque no puede estar en las mentes saboteadoras de sueños sino en los líderes que quieren y pueden ayudarte a cumplir esta visión. Dios colocó personas claves en el proyecto de Nehemías y él no cuestionó si Dios estaba o no con él. Siempre supo que cada cosa que se obtiene para esta misión provenía de la bondad y la provisión de Dios.

A veces gastamos más tiempo y energía en pensar con negatividad que en dar ese primer paso de fe para que Dios coloque todo en su lugar. Es muy importante confiar para empezar a ver el favor que podemos recibir. Sanbalat, Tobías y Gesem abiertamente criticaron, se burlaron e intentaron en sabotear los planes de reconstrucción, pero Dios le había otorgado a Nehemías sabiduría para ver con claridad las intenciones de estas personas que hasta intentaron poner en práctica un plan para matarlo. Los enemigos de Nehemías vieron sus propios intereses y abiertamente le declararon la guerra para impedir su éxito, usando la crítica, el juicio, el sabotaje y el acoso. No lo olvides siempre habrá personas que verán tu asignación como rebelión y no como obediencia, porque quizá lo que te ha asignado Dios se ve muy *moderno, ridículo, rompe la ley del Rey o es muy grande para que tú lo hagas*. Dios no ve las cosas como las personas ególatras actúan. Él descarta la tendencia de descalificar, criticar y destruir sueños; pero el poder, los recursos, las ideas y todo viene de Dios, el Rey.

COMPROMISO

Nehemías fue comprometido con la misión: viajó desde el Golfo Pérsico hasta el Mar Mediterráneo. Fue muy astuto, supo utilizar bien su tiempo en la corte para aprender y se convirtió en todo un líder de proyectos. Así también, nosotros debemos ser buenos administradores de nuestro tiempo y estar dispuestos a aprender donde hemos sido posicionados. Al igual que Nehemías, tú también tienes talentos, favor de Dios, liderazgo y experiencia que te puede ser útil una vez se presenten las oportunidades. Si administras bien tu tiempo podrás prepararte para el momento preciso en el que surja la oportunidad y sabrás reconocer, con la ayuda de Dios, que tu momento de actuar ha llegado.

Nehemías observó, se educó y aprendió de sus experiencias por 52 días, y eso demuestra su perseverancia. Tú también puedes construir una nueva vida con hábitos saludables, pensamientos positivos y actitudes que te ayuden a alcanzar el éxito para liderar a otros a construir sueños, oportunidades y una relación fuerte y estable con los seres que aman; pero sobre todo con el Dador de todos los regalos y las oportunidades, el Rey que te ha dado su favor y quien te acompaña.

Empieza hoy a reconstruir tus murallas a través de la fe, la oración y la obediencia al caminar con el único que tiene el poder de transformar una situación, una vida o un lugar lleno de dificultades en un lugar fortificado. Tu Jerusalén te está esperando; la respuesta y el plan perfecto ya están en las manos de Dios.

Al igual que Nehemías y los jóvenes en cautiverio, nosotros también podemos ver el favor y la gracia de Dios. Si le llevamos una petición sincera desde lo más profundo de nuestros corazones, Él nos ayudará. La falta de recursos a nuestro alrededor no es un factor que determina hasta dónde podremos llegar, qué construiremos y qué sueños cumpliremos.

CAPÍTULO 4
ABSALÓN

Este joven príncipe creció en un palacio y era admirado por muchos en el reino. Él tenía riquezas, fama y belleza; sin embargo, quería más. Ese puede ser uno de los problemas cuando tenemos un corazón insaciable o permitimos que nuestro corazón se llene de codicia, amargura, resentimiento, envidia y enojo. Todos estos sentimientos y emociones contaminaron su corazón al punto que se rebeló contra su padre y quiso sentarse en su trono a toda costa. Absalón hizo de su propósito de vida ser enemigo de la sabiduría y dar rienda suelta a sus deseos y pasiones sin escuchar consejos.

¿Qué sucede cuando en lugar de ser obedientes a Dios nos revelamos contra Él?

Una rebelión, en el contexto social, es el levantarse en contra de un orden establecido, ir en contra de la sociedad y ser disciplinado por ello. En el reino de Dios, la rebelión es la acción de conscientemente alejarnos de Dios y decidir vivir una vida sin Él.

En la historia de Absalón se observan varias características de su personalidad que desagradan a Dios; y, que si están presentes en nuestras vidas, nos será muy difícil ser exitosos o tener relaciones saludables con los demás. En el libro de Proverbios, estas actitudes y comportamientos son considerados enemigos de la sabiduría. Veamos algunos ejemplos:

1. LA NECEDAD

La necedad —o la falta de conocimiento de las cosas, ya sean humanas o divinas, y sobre todo de la sabiduría práctica—, es el déficit de los conocimientos indispensables para la vida moral y para escuchar el consejo de Dios. Proverbios 12:15-16 nos advierte que los necios creen que su propio camino es el correcto, pero los sabios prestan atención a otros. Un necio se enoja en seguida, pero una persona sabia mantiene la calma cuando le insultan.

2. EL ENGAÑO Y LA TRAICIÓN

Absalón se propuso robar los corazones de los pobladores del reino; se hizo de carros y caballos, e hizo que cincuenta hombres que corrieran delante de él.

«Después Absalón compró un carruaje y caballos, y contrató a cincuenta guardaespaldas para que corrieran delante de él. Cada mañana se levantaba temprano e iba a la puerta de la ciudad. Cuando la gente llevaba un caso al rey para que lo juzgara, Absalón le preguntaba de qué parte de Israel era, y la persona le mencionaba a qué tribu pertenecía. Entonces Absalón le decía: «Usted tiene muy buenos argumentos a su favor. ¡Es una pena que el rey no tenga disponible a nadie para que los escuche! Qué lástima que no soy el juez; si lo fuera, todos podrían traerme sus casos para que los juzgara, y yo les haría justicia».

Cuando alguien trataba de inclinarse ante él, no lo permitía. En cambio, lo tomaba de la mano y lo besaba. Absalón hacía esto con todos los que venían al rey por justicia, y de este modo se robaba el corazón de todo el pueblo de Israel.» 2 Samuel 15:1-6 (NTV)

3. LA IMPACIENCIA

Es más que evidente que este joven príncipe quería ser rey lo más pronto posible, que no quería esperar su momento o simplemente aceptar la voluntad de Dios.

La impaciencia es la inhabilidad de esperar, es también la intranquilidad por algo que no acaba de llegar y que se crea una obsesión por alcanzar la voluntad propia o el plan que ha surgido sin consultar con Dios ni con nadie.

Durante algunos años, la impaciencia fue un gran obstáculo en mi vida y quiero compartir contigo el efecto negativo que esta puede tener en nuestras vidas. Ser paciente hoy día ha sido un regalo de Dios; personas a mi alrededor mencionan la paciencia que hoy ven en mí, pero no siempre ha sido así.

Veamos algunas consecuencias negativas de la impaciencia:

1. Te impide disfrutar de lo que en trabajo social llamamos el aquí y el ahora. Porque, aunque todavía no terminas una actividad, tarea u objetivo, ya te estás preocupando en lo que viene.

2. Todos tus objetivos se complican en gran manera, porque la impaciencia da lugar a la frustración y a la impotencia porque sentimos que no podemos mejorar el curso de lo que sucede.

3. Afecta nuestro equilibrio emocional y nuestra capacidad de tomar buenas decisiones, ya que nubla nuestra visión y nos limita la manera de pensar y ejercer el buen juicio.

4. Puede convertirnos en personas ansiosas, estresadas, angustiadas, compulsivas y desenfocadas. Estos factores

pueden llevarnos a ver lo negativo en todo lo que hacemos o en lo que participamos.

5. Las personas impacientes tienen tendencia a dedicar menos tiempo al autocuidado como momentos de alimentación saludable o salir a caminar, lo cual puede generar condiciones médicas. Es importante practicar la paciencia con nuestro cuerpo y cuidar de él dándole el tiempo necesario para completar cada necesidad fisiológica. Nuestra mente y cuerpo están conectados, y lo que sucede en un área afecta a todo lo demás.

6. La impaciencia es exigirle a Dios que obre de acuerdo con nuestro plan y no al que Él ha preparado para nosotros. Al igual que Absalón, es creer que nuestro liderazgo es mejor que la soberanía del Rey.

7. Te roba momentos y recuerdos con tus seres queridos. Debemos mantenernos conscientes con cada interacción familiar. Los niños pequeños requieren de un alto nivel de paciencia para escucharlos, ayudarles en sus necesidades y demostrarles cuán importante es que se comuniquen, aunque les tome más tiempo expresarse y a nosotros entenderles.

La impaciencia no debe tener lugar en nuestras vidas; nos roba tiempo, salud, pensamientos positivos y relaciones saludables con los demás. Hoy podemos decidir juntos practicar la paciencia.

LA PACIENCIA

Esta nos permitirá mantenernos enfocados en lo que tenemos, en quiénes somos y en quién confiamos. Ser pacientes nos ayuda a aprender de otros, disfrutar de los momentos felices y también de los momentos de espera. Ser paciente representa y refleja tu confianza en Dios y muestra cómo se puede permanecer con una actitud positiva y agradable ante los retos diarios y ante situaciones difíciles. Si te identificas con algunas de las actitudes que mencioné, puedes elegir transformar ese comportamiento. Decide actuar con la paciencia de Dios y no con la impaciencia de Absalón, y verás que te sorprenderás en gran manera.

«Mejor es ser paciente que poderoso; más vale tener control propio que conquistar una ciudad.»
Proverbios 16:32 (NTV)

El rey David conquistó reinos, ciudades y el corazón de su pueblo; sin embargo, en su casa había luchas que no pudo vencer debido a la consecuencia de las malas decisiones que él mismo había tomado. Después que David se arrepintió del mal que hizo, Dios lo perdonó, pero no lo libró de las consecuencias de su pecado. David fue muy amado por Dios y lo vistió de gracia y favor; no obstante, permitió que viviera las consecuencias de sus actos.

Absalón y Salomón crecieron bajo el mismo techo; sin embargo, podemos ver la diferencia de las decisiones que ambos tomaron: uno de obedecer y otro de revelarse ante la voluntad de Dios. Cada decisión que tomemos en esta vida tendrá una consecuencia, la cual puede alterar el maravilloso plan de vida que podemos llegar a completar y en su lugar posicionarnos en situaciones dolorosas, llenas de amargura y dolor. Absalón estaba enfocado en los errores de su padre, mientras que Salomón decidió honrarle aun sabiendo que su padre había cometido estos errores. Ambos tomaron una decisión. Te invito a tomar una buena decisión y establecer amistad con la sabiduría, la paciencia y la verdad divina que solamente conectados con Dios podemos encontrar.

CAPÍTULO 5
DANIEL

Encontramos la historia de la vida de Daniel en sus propios escritos. Existen algunas similitudes entre la vida de Daniel y la de José, el hijo de Jacob. Ambos prosperaron en tierras extranjeras después de interpretar los sueños de sus gobernantes, y ambos fueron elevados a importantes cargos como resultado de su fidelidad y entrega a Dios.

Daniel y sus compatriotas demostraron ser los más sabios de todos los aprendices y, al final de su formación, entraron al servicio del rey Nabucodonosor. La primera señal de la fidelidad de Daniel para con Dios fue cuando junto con sus tres amigos rechazaron la deliciosa comida y el vino de la mesa del rey, porque lo consideraban una contaminación. Eligieron un régimen alimenticio alternativo y su semblante se veía mejor; así que se les permitió continuar con la dieta que habían elegido. Estos cuatro hombres de Judá se convirtieron en conocedores de todos los asuntos babilónicos, y Dios le dio la habilidad a Daniel para entender las visiones y los sueños (Daniel 1:17). Él no consultó los instrumentos de los babilonios para interpretar sueños y visiones, sino que solo buscó a Dios.

En el segundo año de su reinado, Nabucodonosor se perturbó con un sueño que no pudo interpretar; hizo llamar el rey a magos, astrólogos, encantadores y caldeos para que le explicasen sus sueños. Estos hombres estaban dispuestos a hacerlo si primero Nabucodonosor les decía de qué se trataba; pero era una tarea imposible para cualquier hombre. El rey decretó que todos los sabios, incluyendo a Daniel y sus compañeros, debían ser llevados a la muerte. Sin embargo, después de que Daniel buscó a Dios en oración, recibió el sueño en una revelación, y lo llevaron ante el rey para interpretarlo. Daniel atribuyó su habilidad para interpretar sueños al único y verdadero Dios. Le dijo al rey que un día habría un reino establecido por Dios que iba a durar para siempre, y que destruiría a todos los reinos anteriores establecidos por el hombre. Daniel fue honrado por el rey Nabucodonosor y puesto en autoridad sobre todos los sabios de Babilonia. Sus tres amigos también fueron colocados en posiciones de autoridad como administradores de Babilonia.

Más tarde, el rey Nabucodonosor tuvo otro sueño, y nuevamente Daniel fue capaz de interpretarlo. El rey reconoció que el Espíritu de Dios estaba con él. La interpretación que Daniel hizo del sueño fue satisfactoria una vez más. Nabucodonosor experimentó un período de locura; y después de un tiempo su razón fue devuelta. El rey elogió y honró al Dios de Daniel como el Dios Altísimo (Daniel 4:34-37).

Belsasar heredó el reinado de Nabucodonosor, y durante un banquete, ordenó que sacaran y usaran las copas de oro y plata que habían sido robadas del templo santo en Jerusalén. Al momento, el rey Belsasar vio una mano escribiendo en la pared. Sus astrólogos fueron incapaces de ayudarle en su interpretación, y por eso Daniel acudió para interpretar el escrito. Como recompensa, él fue promovido a la tercera posición más alta en el reino babilónico. Esa noche, el rey murió en batalla, y fue reemplazado por Ciro, el Grande de Persia, y Darío de Media se coronó como rey.

Yo no fui traída en cautiverio a Estados Unidos; pero al igual que Daniel, como adolescente me sorprendió mucho la adoración a cosas totalmente opuestas a Dios. Ver letreros que invitaban a consultas de magia, astrología y otras prácticas fue un choque cultural. La promoción de clubs y tiendas de tarot en un auto servicio fue algo diferente. Incluso llegué a preguntarme por qué no se empleaba el mismo sistema para dar palabras de ánimo o ayuda de salud mental. Quizá te parezca algo simple; pero uno de esos choques culturales fue cómo se anunciaban constantemente los números de teléfonos que ofrecían resolver mágicamente todos los problemas, encontrar la pareja ideal y hacer amarres amorosos con tu amor platónico. Esto me hace pensar que quizás el joven Daniel experimentó lo mismo al llegar a Babilonia.

Recuerdo que a mi escuela en Managua llegaba una maestra voluntaria que enseñaba acerca de historias bíblicas. Los maestros le daban quince minutos al finalizar la clase, y ella me enseñó acerca de prácticas que desagradan a Dios. En Miami recordé claramente su mensaje y medité en ello. En Deuteronomio 18:10, Dios nos dice:

«No sea hallado en ti quien practique adivinación, ni agorero, ni sortílego, ni hechicero.»

Daniel mostró sabiduría al no querer ser parte de cosas que ofenden a Dios. ¿Te ha pasado que decides acompañar a un amigo o amiga a un lugar que sabes que no deberías ir?

Un día en un paseo fuimos a visitar pueblos en el sur de Miami donde había varios lugares de cartomancia; y aunque yo no hice que me leyeran nada, decidí quedarme afuera esperando a mis amigos. De repente, una señora se me acercó y me dijo:

—Hay algo en ti muy fuerte, que no me permite leerte. Seguro te protege un muerto.

Me asusté muchísimo y le contesté:

—Yo sigo a un Dios vivo.

Y ella se fue. Creo que quería despertar mi curiosidad y ese era uno de sus métodos para hacer que las personas quisieran conocer más y acudir a sus servicios.

Daniel y sus amigos sin duda alguna habían aprendido de sus maestros en Jerusalén que la adivinación es considerada un pecado. A pesar de ser tan jóvenes, Daniel y sus amigos tomaron decisiones sabias y se apartaron de las costumbres babilónicas de su tiempo.

Las prácticas espirituales son algo muy serio, no son un entretenimiento inofensivo ni una fuente alternativa de sabiduría. Es sabio evitar cualquier práctica relacionada con la adivinación, incluyendo la predicción de la suerte, la astrología, la brujería, las cartas del tarot, los hechizos, etc.

El mundo de los espíritus es real, pero no es inofensivo. Según las Escrituras, los espíritus que no son el Espíritu de Dios o los ángeles: son espíritus inmundos. Efesios 5:11 nos advierte lo siguiente:

«No participen en las obras inútiles de la maldad y la oscuridad; al contrario, sáquenlas a la luz.»

Daniel vivió en un ambiente similar; fue testigo de corrupción política y espiritual, intrigas y vicios de una civilización aferrada en el poder, las conquistas y la adulación; sin embargo, su vida fue una clara demostración de la integridad, fidelidad y compromiso de una persona consagrada a Dios. Él impactó positivamente su entorno.

¿QUÉ SIGNIFICA SER CONSAGRADO A DIOS?

Tener una vida consagrada a Dios significa aferrarse y perseverar en Él. Por amor y gratitud, expresamos nuestra dedicación a Él mediante tres cosas: pasión por obedecer sus mandatos, espíritu de humildad y un corazón servicial. Daniel era conocedor de las Escrituras, y aprendió desde muy temprana edad lo siguiente:

«Solamente al Señor tu Dios debes seguir y rendir culto. Cumple sus mandamientos y obedécelo; sírvele y permanece fiel a él.» Deuteronomio 13:4

El nombre Daniel significa «Dios es mi juez»; mas los babilonios le dieron un nombre nuevo: Beltsazar, el cual no estaba asociado con sus raíces hebreas. Seguramente esta era una táctica de asimilación que usaban cuando conquistaban nuevos pueblos; querían que también se asimilaran a sus prácticas religiosas, espirituales y no solamente culturales.

¿QUÉ ES LA ASIMILACIÓN?

La asimilación cultural, política o religiosa describe el proceso de integración de personas a la cultura del país al que han llegado. Es un proceso largo que puede tardar décadas en completarse e incluye la adaptación en muchos sentidos, desde los gustos culinarios hasta la forma de hablar.

Daniel era muy joven cuando fue llevado a una tierra e idioma nuevo y tradiciones culturales y espirituales muy diferentes a las suyas. Sin embargo, tomó la decisión de perseverar en las enseñanzas de su familia y de guardar su fe. Su fidelidad a Dios fue probada en diferentes ocasiones. Una de las pruebas más grandes que enfrentó fue cuando fue arrojado al pozo de los leones. Este fue solo uno de los momentos duros que enfrentó estando en cautiverio, ya que estuvo rodeado de personas que envidiaban su posición y su desempeño en las tareas de autoridad e influencia.

Daniel nos enseña que, estemos donde estemos, no debemos cambiar ni olvidar quiénes somos y quién está con nosotros. Fue librado porque Dios estaba con él. Al igual que Nehemías, él vivía una vida de oración. De hecho, rehusarse a abandonar la oración fue lo que lo llevó a ser arrojado con los leones. Sobresalió en sus deberes a tal grado que el rey Darío estaba pensando ponerlo sobre todo el reino. Esto enfureció muchísimo a los otros gobernadores, que buscaban la manera de acusarlo; pero en vista de que no pudieron hallar ninguna falta en Daniel, centraron su atención en su fe. Mediante la adulación, los gobernadores persuadieron a Darío a que emitiera un edicto prohibiendo la oración a cualquier dios fuera del rey en un espacio de treinta días. Quien desobedeciera, recibiría sería arrojado al foso de los leones. Daniel se mantuvo firme viviendo una vida de integridad en una cultura que estaba tratando de someterlo a su molde.

Características de una persona que camina en integridad
- Obedece a Dios.
- Tiene una actitud de excelencia y servicio.
- Demuestra fidelidad en el desempeño de sus roles.
- Posee un corazón lleno de pureza personal que busca a Dios todos los días.
- Camina consecuente con Dios y ora a Él en todo tiempo y ocasión.

Daniel se mostró íntegro a lo largo de su vida. La integridad es la cualidad de ser honesto y mostrar una adhesión consistente, persistente y determinada a sólidos principios, valores morales y éticos. En ética, la integridad se considera la honestidad y la veracidad o seriedad de las acciones de una persona.

La integridad puede oponerse a la hipocresía y nos hace un llamado a la autoevaluación para realizar los cambios necesarios. Proverbios 10:9 dice:

«Las personas con integridad caminan seguras, pero las que toman caminos torcidos tropezarán y caerán.»

El rey Darío, entristecido, dio la orden de que Daniel fuera echado en el foso de los leones, pero no sin una oración para que el Dios de Daniel lo rescatara (Daniel 6:16). Al día siguiente, Daniel fue encontrado vivo y le dijo al rey que Dios había enviado un ángel para cerrar las bocas de los leones para que no le hiciesen daño. Este milagro hizo que el rey Darío enviará una ordenanza para que todos sus súbditos adoraran a Dios. Daniel siguió prosperando en todo el reinado del rey Darío.

El carácter íntegro de Daniel le permitió recibir el respeto y el afecto de los poderosos gobernantes a los cuales sirvió. Sin embargo, su honestidad y fidelidad en su trabajo nunca lo llevó a comprometer su fe en el único Dios verdadero. En lugar de que esto fuera un obstáculo para su éxito, la continua devoción de Daniel a Dios trajo la admiración de los incrédulos que estaban a su alrededor. Al hacer interpretaciones de sueños, él era presto para darle a Dios el crédito por la habilidad que le había dado (Daniel 2:28).

Daniel también nos enseña que, sin importar con quién estemos tratando, o cuál sea su estatus, estamos llamados a tratarlos con compasión. Él estuvo muy afectado al momento de entregar la interpretación del segundo sueño de Nabucodonosor (Daniel 4:19). Como buenos ciudadanos estamos llamados a obedecer a los gobernantes y autoridades que Dios ha puesto y a tratarlos con respeto; sin embargo, como vemos en el ejemplo de Daniel, el obedecer la ley de Dios siempre debe prevalecer por encima de la obediencia a los hombres (Romanos 13:1-7; Hechos 5:29).

«Alabado sea el nombre de Dios por siempre y para siempre, porque a él pertenecen toda la sabiduría y todo el poder.» Daniel 2:20 (NTV)

ike

$\mathcal{E} = MC_2$

$\pi = 3{,}14$

future

$\sqrt{\dfrac{x+x}{y}}^2$

CAPÍTULO 6
DÉBORA

En mi vida he conocido a muchas mujeres, con la personalidad y liderazgo de Débora, de quienes he aprendido y continúo haciéndolo. En la mentoría que dirijo he visto cómo una mujer puede crecer, desarrollar y transformar su liderazgo con las herramientas que necesita en la estación de vida en la que se encuentra.

Débora era una mujer ocupada que trabajaba para Dios liderando a su pueblo. Tenía su tribunal bajo una palmera conocida como la Palmera de Débora, en la región montañosa de Efraín, y los israelitas acudían a ella para resolver sus situaciones. Fue una mujer de gran sabiduría, revelación y discernimiento. Tenía, además, un regalo profético que le daba a conocer los tiempos y la interpretación de los mensajes de Dios para su pueblo. Ella escuchaba claramente la voz del Señor. Jueces 5:12 relata que un día Dios la llamó diciendo:

«¡Despierta, despierta, Débora! ¡Despierta, despierta, y entona una canción! ¡Levántate, Barac! Lleva cautivos a tus prisioneros, oh, hijo de Abinoam.».

Barac, un guerrero de alto rango en el ejército, fue llamado por Dios a través de Débora. Ambos necesitaban «despertar y levantarse»; el Señor les estaba diciendo que estuvieran alertas y prestaran atención, ya que Él estaba a punto de moverse de una manera extraordinaria. Jueces 5:7 dice:

«Los guerreros de Israel desaparecieron; desaparecieron hasta que yo me levanté. ¡Yo, Débora, me levanté como una madre en Israel!»

De todas las cosas que Débora podría haberse atribuido legítimamente al referirse a ella misma —jueza, profetisa, libertadora, intercesora, adoradora— eligió denominarse: madre. Fue primero y ante todo, madre. Es muy claro que como madre anhelaba que sus hijos, su pueblo, experimentaran la paz y seguridad que proviene de Dios.

El pueblo estaba tan confundido, alejado y atemorizado que al parecer nadie en Israel pelearía sino hasta que Débora «se levantara». El pueblo fue golpeado con veinte años de esclavitud; estaban demasiado cansados y desanimados para luchar. Necesitaban a alguien que los inspirara, y el Señor eligió a Débora. Si ella no hubiera sido obediente para actuar de acuerdo con lo que el Señor le dijo, nada habría cambiado. Usó su posición de influencia y autoridad como jueza para inspirar a Barac a levantar un ejército.

Débora era una guerrera adoradora, ella se deleitaba con el arte para pasar tiempo a solas con Dios. Encontró ánimo y fortaleza en la adoración y la escritura para ser obediente a todo lo que el Señor le pedía que hiciera. Ella eligió que no ejercería su autoridad pobremente. Si hubiese sido desobediente, no habría tenido todas las experiencias que la llevaron a ser usada por el Señor para liberar a Israel de la esclavitud. No habría tenido sabiduría y revelación para juzgar disputas. No habría escuchado los planes estratégicos de batalla del Señor como intercesora. No habría extendido su compasivo corazón de madre más allá de su familia, para abarcar a todo Israel. No habría traído sanación y empoderamiento a toda una nación. La obediencia es esencial para alcanzar el éxito y cumplir los planes de bien de Dios.

A Barac se le dijo:

—¡Levántate, Barac! ¡Lleva cautivos a tus prisioneros!

En un momento él se mostró intimidado y decidió no ir a la guerra sin Débora; pero al final, fue obediente y levantó un ejército. Este paso de obediencia también fue necesario para adquirir la victoria; Barac tuvo que perseverar en su asignación.

La historia de Débora no estaría completa sin reconocer a Jael, otra mujer que dio un paso al frente para literalmente reclamar su lugar en la historia. Ella estuvo en el lugar correcto en el momento correcto e hizo lo que sabía que tenía que hacer. Débora la llamó «la más bendita entre las mujeres que habitan en carpas» (Jueces 5:24). Jael fue una ama de casa que fue invaluable para ganar la guerra.

¿Alguna vez te han menospreciado por quién eres? Dios no nos menosprecia ni rechaza. Algunas personas me han menospreciado por ser mujer. En una ocasión, cuando estábamos en Irak, en plena guerra, uno de mis compañeros del ejército me dijo:

—¿Qué haces aquí? Deberías estar en tu casa haciendo de comer, lavando platos y cuidando a tu familia.

En ese momento lo tomé de quien venía: un joven que hablaba desde su perspectiva. A través de su avance educativo hoy es un hombre que lucha por la educación de las mujeres y eventualmente se convirtió en un aliado en crear conciencia contra el maltrato hacia las mujeres.

La historia de Débora nos enseña las habilidades y destrezas que las mujeres podemos tener en posición de liderazgo. Ella fue la única juez mujer en la historia del Antiguo Testamento.

Hombres líderes buscaban sus consejos porque ella mantenía una relación muy cercana con Dios y Él le otorgó sabiduría para la toma de buenas decisiones, tanto a nivel personal como para liderar a su pueblo. Ella era una líder con un carácter inquebrantable ante la adversidad, porque sabía de dónde vendría el consejo y la ayuda.

Algunas mujeres se alejan de Dios porque piensan que, al igual que muchos hombres, Dios las excluye y no desea que le sirvamos en posiciones de liderazgo o no le interesa que podamos ejercer nuestras carreras, estudios, regalos, destrezas o habilidades empresariales. Eso es una mentira que la sociedad ha inventado para crear división, incrementar los conflictos entre hombres y mujeres y paralizar el crecimiento espiritual, intelectual y empresarial. Dios explica con claridad el rol maravilloso que le ha dado a la mujer, expresa Su amor incondicional y el propósito que ha diseñado, Él nos da las herramientas y oportunidades necesarias para servirle y vivir una vida sana y próspera.

Para mí, el ser madre define muchas de las cosas que hago. Al igual que Débora, quiero lo mejor para mis hijos; deseo que sean productivos, que ayuden a otros y que sobre todo sigan a Dios todos los días de sus vidas. Me involucro en la lucha por la juventud a nivel estatal y federal porque los jóvenes son nuestro futuro. Participo en el avance comunitario de la familia porque creo fielmente que una familia unida, con visión y dirección, puede lograr el éxito y compartir de las bendiciones que Dios coloca delante de ellos. Para los que les ha tocado estar solos, creo que Dios los coloca en familia y que siempre hay un plan perfecto para ser más que vencedores en las batallas como lo fueron Débora y Barac.

Dios siempre coloca maestros, amigos y familiares que nos apoyan en las luchas, las grandes y las pequeñas. Actualmente trabajo con líderes que me piden consejo y estrategia, y la historia de Débora me ayudó a comprender que no puedo ser silenciada con violencia o menosprecio por ejercer mis responsabilidades. Es de sabios callar cuando es necesario; pero como dice el libro de Eclesiastés, para todo hay un tiempo, y Débora nos enseña que Dios demanda que cada uno cumpla con su deber para servir y ayudar a otros. En situaciones así recuerdo que Dios no me ha dado un espíritu de temor, que la sabiduría que Dios coloca en nosotros debe ser puesta en práctica y que en ocasiones tendrá que enfrentar y dirigir a tomar buenas decisiones sea a nivel individual o en grupo.

Débora tenía muchas cualidades de liderazgo y una notable relación con Dios. Ella era mediadora, consejera, estratega y planificadora. La percepción y la confianza que Dios le regaló la colocaron en una posición única. Ella fue y sigue siendo un ejemplo de sabiduría, justicia y éxito. Es muy importante rodearnos de personas que nos den buenos consejos.

«Los planes fracasan por falta de consejos, pero triunfan cuando hay muchos consejeros.» Proverbios 15:22

Débora me recuerda que cuando la vida, las circunstancias o las personas quieren silenciarnos es cuando más fuerte debemos estar en nuestra relación con Dios porque Él nos guiará a dar el siguiente paso. Débora estuvo en una batalla, y nosotros también luchamos a diario con los obstáculos que se quieren levantar para impedir nuestro desarrollo y alcanzar la meta que ha sido establecida para nuestra vida.

Débora no tenía ambición de poder, y esto es muy importante de aprender porque a veces en distintos proyectos pueden surgir personalidades controladoras, posesivas, egocéntricas etc. Solo Dios puede dar la sabiduría para trabajar con estas personalidades y poder comunicar los obstáculos para no ser esclavos de las necedades de otros que nos impidan avanzar. Débora sabía identificar muy bien su entorno porque

Dios estaba con ella. Su vida nos reta en varias formas y una de ellas es darnos cuenta de que Dios escoge a los líderes de acuerdo con Su criterio y no los de las personas.

VALORES Y CRITERIOS DE UN BUEN LÍDER

- Una relación con Dios.
- Respeto.
- Integridad.
- Obediencia.
- Firmeza.
- Disciplina.
- Confianza.
- Unidad.
- Sabiduría.
- Persistencia.
- Entrega.
- Fidelidad.
- Diligencia.
- Amor.

El Señor preparó a Débora en su lugar secreto de adoración, y eso le ayudó a escuchar la voz de Dios. Su conexión intencional con Él través de la adoración le dio confianza mientras llegaba el momento de ir a la guerra. El Señor hará lo mismo con nosotros. A medida que profundicemos en nuestra relación con Dios, Él nos guiará con claridad en cuanto a los planes para nuestra vida. Dios puede usar muchas formas para confirmarnos una y otra vez que vamos por el buen camino, que Su verdad es la forma correcta de hacer las cosas y que hay vida abundante y plena cuando decidimos escuchar y obedecer Su voz.

«Quien piensa bien las cosas se fija en lo que dice; quien se fija en lo que dice convence mejor. Las palabras amables son como la miel: endulzan la vida y sanan el cuerpo.»
Proverbios 16:23-24 (TLA)

CAPÍTULO 7
ESTER

Los concursos de belleza son muy populares en Latinoamérica. Desde temprana edad recuerdo que la Miss Venezuela era siempre una de las favoritas para clasificar en lo que se conoce como Top Five. En mi casa nos alegrábamos mucho cuando veíamos que países latinoamericanos clasificaban entre las finalistas de Asia, África y Europa. Mi abuelita, mi hermana y yo siempre estábamos atentas al concurso de Miss Venezuela, Miss Nicaragua y entre otros que en aquel tiempo se pasaba por Venevisión; también era todo un acontecimiento en la televisión nicaragüense. Mi hermana y yo hacíamos coronas de papel e invitamos a otras niñas a jugar. En los últimos años, los certámenes han cambiado muchísimo, no solamente se basan en la belleza física sino en cualidades de carácter y proyectos sociales que las candidatas estén trabajando en sus comunidades. Quizá no compartamos esta afición; pero déjame contarte cómo Dios hace que todas las cosas obren para bien.

Algunos de mis amigos dicen que soy una missóloga con respecto a los certámenes de belleza. Los missólogos son los encargados de brindar al público, mediante sus blogs, programas de televisión o redes sociales, datos desconocidos sobre las participantes de los certámenes de belleza. He tenido la oportunidad de conocer a algunas de las representantes de mi país y participar brindando apoyo a otras misses de Latinoamérica.

La primera clasificación de Nicaragua en el top fue en 1977, cuando una jovencita de 18 años, originaria de Rivas, hizo historia al ser la primera nicaragüense en clasificar al Top 12 de semifinalistas de las mujeres más bellas del universo. Desde ese año, no hubo ninguna otra clasificación hasta el 2007, 2013, 2021 y actualmente la corona lograda por la joven Sheynnis Palacios en noviembre de 2023. Yo estaba en la ciudad de Winston Salem en el estado de Carolina del Norte; pero esto no impidió que nos juntáramos mi familia y amistades vía Whatsapp y juntos ver a Sheynnis competir por la corona. Fueron momentos emocionantes verla moverse en las distintas categorías y al final al ser coronada. Lo primero que ella hizo fue mirar al cielo y decirle a Dios:

—Es tuya, esta corona es tuya. —y luego añadió—: Te amo, mamá.

Y vio fijamente a la cámara, ya que su madre no estuvo físicamente presente. Cuando fue declarada como la nueva Miss Universo, su mamá se arrodilló y le dio gracias a Dios por coronar de éxitos los esfuerzos de su amada hija.

Nicaragua se vistió de alegría y celebración. Muchos de nosotros conocemos la historia de esfuerzo y superación de esta joven comunicadora, quien ha trabajado en causas sociales y en la promoción y educación acerca de la salud mental al exponer su lucha contra la ansiedad e invitar a jóvenes a buscar ayuda para cuidar de ellos mismos, sin estigma ni etiquetas dañinas que les impidan tener una vida productiva y saludable en todas las áreas.

Sheynnis representa a la mujer trabajadora, dedicada, valiente y esforzada. No solamente los nicaragüenses celebramos su logro sino también otras naciones centroamericanas y del resto de Latinoamérica quienes la recibieron como toda una reina victoriosa.

Durante su preparación para el Miss Universo, Sheynnis sufrió acoso porque ella siempre se ha mostrado tal y como es: Una mujer trabajadora y humilde con una fe muy grande. Ella apoyaba a su abuelita en un emprendimiento de Buñuelos y otras comidas típicas nicaragüenses. Los acosadores en redes le empezaron a llamar «Miss Buñuelos», hicieron publicaciones que la ridiculizaban y que afirmaban que no calificaría en la competencia. Esas mismas personas tuvieron que cubrir por televisión el triunfo de Sheynnis como la primera Miss Universo Nicaragüense, cumpliendo así lo que dicen las Escrituras:

«Me preparas un banquete en presencia de mis enemigos. Me honras ungiendo mi cabeza con aceite. Mi copa se desborda de bendiciones.» Salmos 23:5 (NTV)

¿Te has dado cuenta de que en la Biblia hay un concurso de belleza registrado? Fue así como la joven Ester fue elegida para ser la esposa del rey de Persia y se convirtió en la soberana de Susa, capital del imperio. Esta oportunidad de ser posicionada en la corte real empezó cuando la reina Vasti fue expulsada de la presencia del rey por haber rehusado presentarse ante su esposo, lo que significaba un acto de rebeldía hacia el rey Jerjes. Después de este acontecimiento inició la búsqueda de una nueva reina; Jerjes emitió un decreto de reunir a todas las mujeres más bellas del imperio y llevarlas a su harén real.

Suspenso, poder, romance e intriga son los ingredientes de las novelas de mayores ventas. Recientemente visité una actividad de autores de diversos géneros y pude notar que estos géneros de escritura son muy populares entre adolescentes y adultos. El libro de Ester, aunque posee todos estos elementos, no ficción, sino una historia verdadera escrita hace muchos siglos atrás.

PERSEVERANCIA, DISCIPLINA Y VALENTÍA

El propósito de esta historia es demostrar la soberanía de Dios y el cuidado que tiene por cada uno de nosotros, su pueblo. La joven Ester creció sin sus padres y fue adoptada por su primo Mardoqueo, un escriba de la corte real. Es probable que él fue de gran influencia en la educación académica de Ester; recordemos que en ese tiempo no todas las mujeres sabían leer o escribir. Mardoqueo también le enseñó las costumbres de su pueblo. Y cuando Ester fue al palacio, el rey quedó encantado con su belleza. Aquí podemos ver que el favor y la gracia de Dios estaba sobre la vida de Ester, pese a que no tenía familia además de a su primo. El Padre Celestial tenía planes maravillosos, ella fue preparada con conocimiento de la historia de su pueblo, ciencia y con la habilidad de buscar de la sabiduría de Dios en ayuno y oración ante la toma de decisiones. Ester fue una mujer escogida para una misión y un propósito. Al igual que los jóvenes en Babilonia, ella también estuvo entre luchas de poderes, conspiración y ataques contra su vida.

UN PLAN DE EXTERMINIO
CONTRA LA REINA Y SU PUEBLO

En la historia aparece Amán, un hombre envidioso, egocéntrico, ambicioso y egoísta, que era el segundo en autoridad en el imperio. Él quería que todos se inclinaran en reverencia ante él, y no toleraba que Mardoqueo se negara a hacerlo, ya que él solamente se inclinaba ante Dios, al igual que los jóvenes en Babilonia. Amán se enfureció tanto ante esta rebelión que se propuso destruirlo a él y a todos los judíos.

Para llevar a cabo su plan, Amán utilizó la misma estrategia que usaron otros contra personas íntegras en otras historias aquí relatadas. Usó engaños, mentiras manipulación y miedo para persuadir al rey para que emitiera un edicto que condenaba a los judíos a muerte. Él actuó en completa necedad; ya estaba posicionado en autoridad e influencia, pero su odio no le dejó ver lo que tenía sino lo que le hacía falta. Esto me recuerda el proverbio que dice lo siguiente:

«Si tiendes una trampa para otros, tú mismo caerás en ella. Si echas a rodar una roca sobre otros, no los aplastarás a ellos sino a ti.» Proverbios 26:27

Mardoqueo visitó a la reina y le comunicó todo el plan contra el rey. También aprovechó para recordarle que Dios la había colocado en una posición estratégica para librar a su pueblo del exterminio planeado por Amán. Le dijo:

«Si te quedas callada en un momento como este, el alivio y la liberación para los judíos surgirán de algún otro lado. Pero tú y tus parientes morirán. ¿Quién sabe si no llegaste a ser reina para un momento como este?» Ester 4:14

La reina reaccionó con valentía y decidió arriesgar su vida para salvar a su pueblo. Lo primero que hizo fue buscar dirección espiritual y se entregó a tres días de ayuno antes de presentarse ante el rey.

EL BANQUETE

La reina recibió inteligencia y mucha sabiduría para revelar los malvados planes de Amán. Dios nos ayuda dándonos ideas que provienen de Su creatividad y sabiduría para darnos paz para persistir las amenazas, peligros y situaciones difíciles. Ella pidió al rey Jerjes y a Amán que fueran sus invitados en un banquete. Durante la cena, el rey le preguntó a Ester qué era lo que quería en realidad y le prometió darle lo que pidiera, pero ella simplemente les invitó a otro banquete al día siguiente.

Esa noche el rey no pudo dormir y ordenó que le leyeran la historia de su reinado. Entonces le leyeron acerca del complot que Mardoqueo había frustrado y el rey se sorprendió en gran manera porque esta persona nunca había sido recompensada. Al día siguiente, el rey le preguntó a Amán cómo se debía recompensar a un héroe. Amán era tan egocéntrico que creyó que el rey hablaba de él, así que sugirió una recompensa extravagante. Al rey le gustó mucho la idea; pero Amán se sintió completamente humillado cuando se enteró que el honor sería para Mardoqueo. Aquí podemos ver cómo Dios, quien todo lo ve, usó a su enemigo para honrarlo.

Muchas veces no entendemos cómo Dios obra; pero no somos llamados a entender todo, sino a confiar, creer y caminar en obediencia a Dios. Éxodo 14:14 dice que el Señor pelea por nosotros, solo debemos estar quietos. Podemos malinterpretar la quietud como inacción; más cuando en esta historia vemos que tanto Ester como Mardoqueo actuaron y no se entregaron a la desesperanza, el desánimo, el miedo o la opresión de Amán; ellos sabían que nuestro Dios es grande, fuerte y victorioso ante toda amenaza.

Ester preparó el segundo banquete y el rey volvió a preguntarle qué deseaba. Ella le dijo:

—Alguien ha planeado mi destrucción y la de mi pueblo —y señaló a Amán.

De inmediato, el rey sentenció a Aman a morir en un poste afilado que él mismo había preparado para ejecutar a Mardoqueo. A veces los planes de tus enemigos serán frustrados de tal manera que serán ellos quienes experimentarán la trampa que han tendido para ti. Aun así, fuimos llamados a no desearle mal a nadie. Amán sufrió un juicio recto que provino de Dios. Tomó decisiones guiadas por amargura, odio, envidia y sufrió las consecuencias de sus actos.

Un consejo sabio de Dios en las Escrituras es el siguiente:

«No se dejen engañar nadie puede burlarse de la justicia de Dios. Siempre se cosecha lo que se siembra. Los que viven solo para satisfacer los deseos de su propia naturaleza pecaminosa cosecharán, de esa naturaleza, destrucción y muerte; pero los que viven para agradar al Espíritu, del Espíritu, cosecharán vida eterna. Así que no nos cansemos de hacer el bien. A su debido tiempo, cosecharemos numerosas bendiciones si no nos damos por vencidos.» Gálatas 6:7-9 (NTV)

Mardoqueo obtuvo el puesto de Amán; y se le garantizó a los judíos protección en todo el imperio. El festival de Purim fue establecido para celebrar este acontecimiento histórico. Debido a la valentía de la reina Ester, todo el pueblo fue salvado. Ella tomó la oportunidad que Dios le dio y supo aprovecharla; su vida marcó una gran diferencia para su familia y para su comunidad (Ester 4:14). Nosotros también hemos sido creados para este tiempo, examinemos nuestro corazón y veamos cómo Dios puede trabajar a través de nosotros porque hemos sido preparados para un momento como este.

Ester es uno de los dos libros de la Biblia titulados con el nombre de una mujer, el otro es Rut. El libro es poco usual ya que en el texto original no aparece ningún título, nombre o pronombre de Dios. Sin embargo, la presencia de Dios es clara y la sabiduría dada a los personajes principales solo puede provenir de Él.

PARA CONCLUIR

En cada una de estas historias, los personajes llevaban todas las de perder ante los ojos humanos; en su mayoría fueron jóvenes huérfanos, cautivos y sin oportunidades de éxito y prosperidad en la vida. Mas Dios tenía planes distintos para las vidas de estas personas; las cosas no acabaron mal porque ellos tomaron la mejor decisión: perseverar en Dios, confiar en Él y buscar de Él para vencer todos los obstáculos.

Pensé mucho en escribir este libro para jóvenes, porque sé que el contenido que muchos buscan es el que tiene soluciones rápidas y fáciles para vencer los males que a diario nos acechan, ya sean problemas en la escuela, en la familia, en el trabajo o en situaciones incontrolables. Después de meditar por un tiempo decidí contar en este libro cosas que no había contado acerca de mis años de escuela. Voy a ser muy honesta contigo, tuve que aprender este consejo que voy a darte: Puedo hablarte de la sabiduría en todos estos capítulos; pero no te servirá de nada adquirir todas estas perlas si no las pones en práctica. Recuerda que la sabiduría es la que se aplica, el conocimiento es el que se adquiere, ambos deben ser llevados a la acción para ser efectivos.

Dios preparó todo el escenario para que cada uno de sus hijos estuviera posicionado en el lugar de influencia para ser usados en el momento justo. Ester y Mardoqueo decidieron poner su confianza en Dios y actuar ante el peligro que representaba el plan de su enemigo. Las personas malvadas, las redes sociales, gobiernos contrarios con intenciones perversas, prácticas cuestionables, dificultades en la vida diaria y muchos otros problemas, no pueden detener a Dios y los maravillosos planes que tiene para tu vida. Al igual que los personajes mencionados, tú también puedes vencer el miedo, la ira, la amargura, la ansiedad, la depresión, el desánimo, el acoso escolar y la violencia al decidir actuar y no ser parte de la inactividad.

No seas de las personas que graban con el teléfono cuando atacan a una persona y no hacen nada, o cuando alguien está en una situación de emergencia y otros se burlan. Ten presente que daremos cuenta al Creador del universo de todo lo que hagamos en esta vida. La acción y la inacción no pasarán desapercibidas.

Si te has equivocado y has tomado malas decisiones, hoy puedes empezar de nuevo y caminar perseverando en la verdad de Dios y Su Palabra. No envidies el camino de los malos ni a los que prosperan momentáneamente y se burlan de Dios, porque Él a su tiempo hará justicia —como lo hizo en cada una de estas historias— y pondrá en lugar de honor a sus fieles y en lugar de vergüenza y deshonra a los perversos.

Decide hoy estar en el equipo ganador, y unirte a los que temen al Señor con temor reverente, con respeto y amor. Dios desea que te vaya bien todos los días de tu vida. Elige vivir una vida llena de sabiduría, perseverando a diario en las luchas que ya has ganado con la ayuda de Dios.

«Y ahora, que toda la gloria sea para Dios, quien puede lograr mucho más de lo que pudiéramos pedir o incluso imaginar mediante su gran poder, que actúa en nosotros.»
Efesios 3:20 (NTV)

Acerca de la autora

Claudia Galva-Gil es originaria de Managua, Nicaragua. Autora, consejera y mentora comunitaria, posee una maestría en trabajo social de la Universidad de Texas en San Antonio. Tiene dos licenciaturas, una en sociología (Universidad de Texas RGV) y otra en psicología con especialización en desarrollo infantil. Es veterana de guerra de las Fuerzas Armadas. Después de retirarse de su servicio en el Ejército de los Estados Unidos, decidió ayudar a veteranos y sus familias a emprender en programas de desarrollo personal, consejería espiritual y labores empresariales. Claudia participa en el alcance comunitario y en la obra ministerial junto a su esposo Mario; ambos ofrecen mentoría para jóvenes estudiantes de la secundaria y la universidad. Además, ella participa activamente en dos programas radiales que promueven la adopción, el bienestar de los niños, los pequeños negocios y la educación; así como también apoyo emocional a jóvenes y adultos en busca de sanidad integral. Actualmente vive en Texas con su esposo y sus cuatro hijos.

Ella es miembro destacado de la *Academia Guipil: Escribe y Publica tu Pasión* y líder en la *Comunidad Mujer Valiosa*.

Para más información y contacto escribe a:
Página web: www.menteycorazonsaludable.org
Teléfono: (830) 252-2403

From Orphans to Children:
Discovering The Heart of a Father

Did you know that the United States and Latin America are currently experiencing a crisis due to the absence of parents in the lives of children and adolescents?

Would you like to be part of the solution and assist many survivors of traumatic experiences?

Both fathers and mothers can become emotionally disconnected from their children as a result of painful experiences they have endured, but have not yet healed from, and may replicate these emotional wounds in their children. In the midst of painful trials endured by both mothers and fathers, a disconnection often arises, festering wounds that have yet to heal and unwittingly passing on emotional scars to their children.

EditorialGuipil.com/claudia

Made in the USA
Columbia, SC
22 September 2024

42193436R00072